Essentials liefern aktuelles Wissen in konzentrierter Form. Die Essenz dessen, worauf es als „State-of-the-Art" in der gegenwärtigen Fachdiskussion oder in der Praxis ankommt, komplett mit Zusammenfassung und aktuellen Literaturhinweisen. Essentials informieren schnell, unkompliziert und verständlich

- als Einführung in ein aktuelles Thema aus Ihrem Fachgebiet
- als Einstieg in ein für Sie noch unbekanntes Themenfeld
- als Einblick, um zum Thema mitreden zu können.

Die Bücher in elektronischer und gedruckter Form bringen das Expertenwissen von Springer-Fachautoren kompakt zur Darstellung. Sie sind besonders für die Nutzung als eBook auf Tablet-PCs, eBook-Readern und Smartphones geeignet.

Essentials: Wissensbausteine aus Wirtschaft und Gesellschaft, Medizin, Psychologie und Gesundheitsberufen, Technik und Naturwissenschaften. Von renommierten Autoren der Verlagsmarken Springer Gabler, Springer VS, Springer Medizin, Springer Spektrum, Springer Vieweg und Springer Psychologie.

Dirk Lippold

Perspektiven und Dimensionen der Unternehmensberatung

Eine grundlegende Betrachtung

Dirk Lippold
Berlin
Deutschland

ISSN 2197-6708   ISSN 2197-6716 (electronic)
essentials
ISBN 978-3-658-12192-1   ISBN 978-3-658-12193-8 (eBook)
DOI 10.1007/978-3-658-12193-8

Die Deutsche Nationalbibliothek verzeichnet diese Publikation in der Deutschen Nationalbibliografie; detaillierte bibliografische Daten sind im Internet über http://dnb.d-nb.de abrufbar.

Springer Gabler

Gedruckt auf säurefreiem und chlorfrei gebleichtem Papier

Springer Fachmedien Wiesbaden ist Teil der Fachverlagsgruppe Springer Science+Business Media
(www.springer.com)

Vorwort

Rund 15.400 Beratungsunternehmen mit insgesamt 125.000 Beschäftigten erzielen in Deutschland einen Jahresumsatz von über 25 Mrd. € (Quelle: BDU 2015, S. 5). Damit stellt die Branche einen Wirtschaftszweig dar, dessen Bedeutung auch deshalb nicht hoch genug eingeschätzt werden kann, weil er durch seine Tätigkeit in praktisch alle anderen Branchen ausstrahlt. Umso mehr überrascht es, *„dass die intensive wissenschaftliche Auseinandersetzung mit den Besonderheiten dieser Disziplin vergleichsweise jung und wenig fortgeschritten ist"* (Nissen 2007, S. 9).

Hinzu kommt, dass sich die (wenigen) wissenschaftlichen Veröffentlichungen zur Unternehmensberatung nahezu ausschließlich mit den Aspekten der Strategie- und Organisationsberatung befassen. Der IT- und Technologieberatung – immerhin der umsatzstärkste Bereich im Consulting Business – wird in der wissenschaftlichen Auseinandersetzung kaum oder gar keine Beachtung geschenkt. Auch beeinflusst die Beratungspraxis derzeit mehr die *Lehre* als die *Forschung* in der Unternehmensberatung. So sind zwischenzeitlich – nachdem Consulting als wissenschaftliche (Teil-)Disziplin anerkannt wurde – deutlich mehr als 30 Consulting-Studiengänge im Master- und Bachelorbereich in ganz Deutschland eingerichtet worden. Und auch die klassischen Universitätslehrstühle bieten heutzutage eine Vielzahl von Consulting-Lehrveranstaltungen in Form von Vorlesungen, Übungen und Seminaren an, in denen sie sich dem Thema *Consulting* von angrenzenden Funktions- und Themenbereichen wie Unternehmensführung, Marketing, Controlling, Human Resources oder Supply Chain Management aus nähern.

Nicht nur die neu eingerichteten Consulting-Studiengänge benötigen eine stärkere theoretische Fundierung, auch die Beratungspraxis kann durch eine kontinuierliche, wissenschaftliche Begleitung fundamentale Fehlannahmen (wie z. B. die strikte Unabhängigkeit oder Neutralität der Berater) oder Lücken der praktischen Unternehmensberatung korrigieren bzw. vermeiden. Das vorliegende *essential*, das zu einem Großteil der 2. Auflage meines Buches „Die Unternehmensberatung.

Von der strategischen Konzeption zur praktischen Umsetzung" entnommen ist, hat allerdings nicht die Ambition, diese Lücke zu schließen. Es ist keine forschungsorientierte Literatur. Im Gegenteil, es handelt sich um eine „Leitfadenliteratur" mit dem Anspruch, Theorie und Praxis zu verbinden.

Berlin, im Oktober 2015   Dirk Lippold

Inhaltsverzeichnis

1 Begriffliche und sachlich-systematische Grundlegung 1
   1.1 Begriffliche Abgrenzungen 1
   1.2 Vorgehen 4

2 Dienstleistungsperspektive 7
   2.1 Dienstleistungen vs. Sachleistungen 7
   2.2 Funktionelle vs. institutionelle Dienstleistungen 11

3 Institutionelle Perspektive 13
   3.1 Beratungsträger 13
   3.2 Beratungsadressaten 14
   3.3 Beratungsobjekte 16

4 Funktionale Perspektive 17
   4.1 Klassische Beratungsfunktionen 17
   4.2 Beratungstyp-bezogene Funktionen 18
   4.3 Zielbezogene Beratungsfunktionen 19

5 Systembezogene Perspektive 23
   5.1 Beratungssystem im weiteren Sinne 23
   5.2 Beratungssystem im engeren Sinne 23
   5.3 Beraterrollen und Kundenerwartungen 24

6 Prozessbezogene Perspektive 29
   6.1 Unbestimmtheit als Charakteristikum von Beratungsprozessen . . . 29
   6.2 Phasen des Beratungsprozesses 30
   6.3 Prozessberatung vs. Inhaltsberatung 32

7 Instrumentell-methodische Perspektive 33
   7.1 Beratungskonzepte 33
   7.2 Beratungsmethoden 33
   7.3 Beratungsprodukte 34

8 Technologische Perspektive 37
   8.1 Individuelle, flexible Technologie 37
   8.2 Standardisierte Technologie (Tools) 38
   8.3 Starre Technologie (Beratungsprodukte) 38
   8.4 Konsequenzen unterschiedlicher Technologien 40

9 Theoretische Perspektive 41
   9.1 Property-Rights-Theorie 42
   9.2 Principal-Agent-Theorie 43
   9.3 Transaktionskostentheorie 45
   9.4 Informationsökonomik 47

10 Zusammenfassung und kritische Würdigung 49

Literatur 51

Sachverzeichnis 55

Begriffliche und sachlich-systematische Grundlegung 1

1.1 Begriffliche Abgrenzungen

Das Wesen des *Consultings* ist im Kern nichts anderes als *Change*, also Veränderung, oder noch deutlicher: *Verbesserung* (engl. *Improvement*). Schließlich wird die Beratungsleistung in den allermeisten Fällen in Anspruch genommen, wenn es sich um die externe Begleitung betrieblicher Veränderungen handelt, die zu einer Verbesserung der Unternehmenssituation führen soll.

In diesem Sinne ist auch die Definition von Peter Block zu interpretieren: *„Eine Beratung ist nichts anderes als der Versuch, eine Situation zu verändern oder zu verbessern, wobei jedoch der Berater keinen direkten Einfluss darauf hat, inwieweit seine Veränderungsvorschläge in die Tat umgesetzt werden. Bewirkt man direkte Veränderungen, ist man Manager, nicht Berater (...)"* (Block 2000, S. 11). Kann man die Definition für die Strategie- und Managementberatung noch akzeptieren, so scheint sie doch für den Bereich der IT- und Technologieberatung sowie für das IT-Outsourcing zu kurz gegriffen, denn hier kann der Beratung durchaus auch die Realisierungsverantwortung zufallen.

Dennoch lässt sich knapp formulieren: **Consulting ist die externe Unterstützung zur erfolgreichen Bewältigung des Wandels.** Aufgrund der nahezu unendlich vielen Facetten der Tätigkeiten einer Unternehmensberatung ist es fast unmöglich, eine umfassende Definition dieser Dienstleistung vorzunehmen. Trotzdem lassen sich einige Eckpunkte (als konstitutive Merkmale) zur definitorischen Eingrenzung festhalten:

- **Art der Tätigkeit:** überwiegend entgeltliche, individuelle und höherwertige professionelle Dienstleistung;
- **Durchführende(r) der Tätigkeit:** eine oder mehrere (qualifizierte) Person(en);
- **Adressat der Tätigkeit:** Unternehmen/Organisationen;

© Springer Fachmedien Wiesbaden 2015

D. Lippold, *Perspektiven und Dimensionen der Unternehmensberatung*, essentials,
DOI 10.1007/978-3-658-12193-8_1

- **Inhalt der Tätigkeit:** in Abhängigkeit des Kundenwunsches die Identifikation, Definition und Analyse von Problemstellungen sowie unabhängige Empfehlung, Planung, Erarbeitung, Umsetzung und Kontrolle von Problemlösungen;
- **Ziel der Tätigkeit:** Verbesserung der Fähigkeit des Kunden, das zugrunde liegende Problem zu lösen;
- **Gegenstand der Tätigkeit:** Strategien, Organisation, Prozesse, Verfahren und Methoden des Kundenunternehmens;
- **Dauer der Tätigkeit:** zeitliche Befristung der Dienstleistung;
- **Voraussetzung der Tätigkeit:** Expertise und Erfahrung.

Daraus lässt sich in Anlehnung an Fink (2009, S. 3) und Nissen (2007, S. 3) der **Begriff der Unternehmensberatung** wie folgt fassen:

> **Unternehmensberatung** ist eine eigenverantwortlich, zeitlich befristet, auftragsindividuell und zumeist gegen Entgelt erbrachte professionelle Dienstleistung, die sich an Unternehmen/Organisationen mit dem Ziel richtet, Problemstellungen zu identifizieren und zu analysieren und/oder Handlungsempfehlungen zu erarbeiten, um den Kunden bei der Planung, Erarbeitung und Umsetzung von Problemlösungen zu unterstützen bzw. dessen Fähigkeiten zur Bewältigung des zugrunde liegenden Problems zu verbessern.

Dieser Definition liegt sowohl ein transitives als auch ein reflexives **Beratungsverständnis** zugrunde. Mit dem *transitiven* Beratungsverständnis ist die Erteilung eines Ratschlags verbunden, d. h. der Berater hilft seinem Kunden mit fachlichem Rat und Sachverstand aus einer Problemsituation. Konstitutiv für das transitive Beratungsverständnis ist die *Informationsasymmetrie*, also das ungleich verteilte Wissen zwischen den an einem Beratungsprozess beteiligten Personen. Das *reflexive* Beratungsverständnis unterstreicht die partnerschaftliche Interaktionsbeziehung zwischen den beteiligten Personen und zielt auf die Förderung und Wiederherstellungskompetenz des Kunden, ohne diesem die eigentliche Problemlösung abzunehmen (vgl. Jeschke 2004, S. 13 f.).

Formal ist die Beratung von Unternehmen bzw. Organisationen eine professionelle Dienstleistung. Der **Dienstleistungsbegriff** dient im Wesentlichen zur Abgrenzung von Sachleistungen (Produkten). Die Abgrenzung wird ausführlich in Kap. 2 behandelt.

Inhaltlich hat das Tätigkeitsfeld des Consultings viele Aspekte. Es reicht im Kern von der klassischen Managementberatung über die Prozess- und IT-Beratung bis hin zum IT-Outsourcing.

Schließlich soll noch auf die im angelsächsischen Raum gebräuchliche Bezeichnung **Professional Service Firms** hingewiesen werden. Professional Service Firms, die zunehmend als eigenständige Gruppe innerhalb der Dienstleistungsunternehmen wahrgenommen werden, erbringen professionelle Dienstleistungen (engl. *Professional Services*) wie beispielsweise die Unternehmensberatung „ … *also Dienstleistungen, die in hohem Maße auf individuelle Kundenbedürfnisse zugeschnitten sind und in meist enger Zusammenarbeit mit dem Kunden unter Einbringung ausgeprägten Fachwissens und Erfahrung hochqualifizierter Mitarbeiter erbracht werden"* (Müller-Stewens et al. 1999, S. 23). Demnach sind Beratungsunternehmen eine Teilmenge der Professional Service Firms, zu denen auch Wirtschaftsprüfungs- und Steuerberatungsgesellschaften, Anwaltskanzleien oder Investmentbanken gehören.

Fragt man nach den verschiedenen **Anbietergruppen** von Beratung, so ist es grundsätzlich unerheblich, ob diese Kerndienstleistungen von Einzelberatern oder von Beratungsunternehmen mit 500 und mehr Mitarbeitern angeboten werden. Auch spielt es keine Rolle, ob diese Beratungsleistungen zum Randportfolio von Finanzdienstleistungsunternehmen, von Wirtschaftsprüfungsgesellschaften oder von branchenfremden Großunternehmen zählen. Ebenfalls unerheblich ist es, ob diese Dienstleistung als Inhouse Consulting, von Hochschullehrern bzw. Wissenschaftlern oder von studentischen Beratungsgruppen erbracht werden [zu den Berührungspunkten von Wissenschaft und Beratung siehe insbesondere Deelmann 2007, S. 45].

Fragt man weiterhin nach den verschiedenen **Ausrichtungen** der Beratungsleistungen, so kann der Berater als *Generalist* oder als *Spezialist* auftreten. Als Spezialist ist wiederum eine sektorale (branchenbezogene), eine funktionale oder eine thematische Ausrichtung möglich. Weitere denkbare Gegensatzpaare bei der Leistungserbringung sind die Methoden- vs. Produktorientierung, die Projektdurchführung in gemischten oder in autonomen Teams und die Auftragsdurchführung in Form der konkreten Umsetzung (Realisierung) oder lediglich als Realisierungsbegleitung.

Hinsichtlich der **Größenordnung** und **Internationalität** von Beratungsunternehmen lässt sich feststellen, dass Auftragsvolumen, Laufzeit und Umfang von Projekten besonders in Verbindung mit der Informations- und Kommunikationstechnik eine Dimension erreicht haben, die das klassische Problemlösungsgeschäft weit hinter sich lassen. So sind gerade im Bereich der Informationsverarbeitung und Systemintegration, in dem der Kunde (z. T. länderübergreifende) Komplettlösungen erwartet, Projekte in zweistelliger Millionenhöhe keine Seltenheit mehr. Solche Projekte können nur von (IT-) Beratungsgesellschaften gestemmt werden, die auch über entsprechende personelle und international ausgerichtete Ressourcen verfügen. Insofern reicht die organisatorische Größenordnung auf der Angebotsseite des Beratungsgeschäfts vom Einzelberater bis zum global aufgestellten Beratungsunternehmen mit deutlich mehr als 100.000 Mitarbeitern.

Auf der Grundlage dieser Verständigung über die verschiedenen Anbietergruppen und Ausrichtungen von Beratungsleistungen werden die Begriffe *Unternehmensberatung*, *Beratung* und *Consulting* weitgehend synonym behandelt. Zum **Kernberatungsgebiet** gehören nach unserem Verständnis die

- Strategie- und Managementberatung,
- Organisations- und Prozessberatung,
- IT- und Technologieberatung,
- Individuelle Softwareentwicklung,
- IT-Systemintegration und das
- IT-Outsourcing.

An das Kernberatungsgebiet angrenzende Bereiche wie Steuerberatung, Wirtschaftsprüfung, Personalberatung, Rechtsberatung, Engineering-Beratung, Standardsoftwareerstellung und -vermarktung u. a. werden zwar immer wieder gestreift, zählen aber nicht zum Betrachtungsschwerpunkt, der – wenn man denn eine Schwerpunktsetzung vornimmt – eher bei **größeren Management- und IT-Beratungsunternehmen** liegt. Daher werden die *Strategieberatung* und die *IT-Beratung* auch immer wieder als polarisierende und beispielgebende Beratungsfelder (Beratungstypen) herangezogen.

1.2 Vorgehen

Um den zentralen Wesensmerkmalen der Unternehmensberatung auf den Grund zu kommen, ist es erforderlich, die verschiedenen **Perspektiven**, die die unterschiedlichen Aspekte des Consultings strukturiert zusammenfassen, herauszuarbeiten. Unter *Perspektiven* sind die (z. T. auch theoretischen) Sichtweisen auf den Untersuchungsgegenstand *Unternehmensberatung* zu verstehen. Sie sollen einen möglichst strukturierten Einblick in die unterschiedlichen **Dimensionen** der Profession *Unternehmensberatung* liefern. Differenziert werden folgende acht Perspektiven (siehe auch Hesseler 2011, S. 22 ff.):

- **Dienstleistungsperspektive.** Bei dieser Perspektive steht die Abgrenzung zwischen Dienst- und Sachleistung sowie die Unterscheidung zwischen institutioneller und funktioneller Dienstleistung im Vordergrund.
- **Institutionelle Perspektive.** Hier wird der dreidimensionale Anwendungsraum der Unternehmensberatung mit Beratungsträger, Beratungsadressat und Beratungsobjekt untersucht.
- **Funktionale Perspektive.** Diese Perspektive stellt die eigentlichen Aufgaben bzw. Tätigkeitsfelder einer Unternehmensberatung den Mittelpunkt der Betrachtung.
- **Systembezogene Perspektive.** Das Beratungssystem als Ganzes, die Kunden-Berater-Beziehung sowie die einzelnen Beraterrollen kennzeichnen die systembezogenen Perspektive.
- **Prozessbezogene Perspektive.** Die Phasen des Beratungsprozesses sowie die Unterscheidung zwischen Prozess- und Inhaltsberatung bestimmen die Sichtweise dieser Perspektive.
- **Instrumentell-methodische Perspektive.** Hier werden die Unterschiede zwischen Beratungskonzept, Beratungsmethode und Beratungsprodukte herausgearbeitet.
- **Technologische Perspektive.** Drei Ausprägungen der Beratungstechnologie (flexible, standardisierte und starre Technologie) werden hinsichtlich ihrer Vor- und Nachteile bzw. ihrer Konsequenzen beim Beratereinsatz untersucht.
- **Theoretische Perspektive.** Diese Perspektive befasst sich mit den Theorien der (neuen) Institutionenökonomik und deren Beschreibung bestimmter Gesetzmäßigkeiten der Dienstleistung *Unternehmensberatung*.

Dienstleistungsperspektive 2

Es besteht allgemeiner Konsens darüber, dass Beratungsleistungen im Rahmen eines interaktiven, problemlösungsbezogenen und auftragsindividuellen Beratungsprozesses von qualifizierten Personen unter Einbeziehung der Mitarbeiter des Kundenunternehmens erbracht werden (vgl. Jeschke 2004, S. 18).

Beratungsleistungen sind demnach professionelle Dienstleitungen (engl. *Professional Services*) und damit **People Business**. Da auch die IT-(Beratungs-)Dienstleistungen zum Untersuchungsgegenstand gehören, drängt sich die Frage auf, wie sich Dienstleistungen von Produkten (besonders) im IT-Umfeld abgrenzen.

2.1 Dienstleistungen vs. Sachleistungen

Dienstleistungen werden häufig anhand der folgenden drei Merkmale gekennzeichnet (vgl. stellvertretend Meffert und Bruhn 1995, S. 23 ff.):

- **Potenzialorientierung**, d. h. die Dienstleistung besteht aus der Vermarktung von Leistungsversprechen (im Sinne von Fähigkeit und Bereitschaft zur Erbringung einer Dienstleistung);
- **Prozessorientierung**, d. h. der Leistungserstellungsprozess ist gekennzeichnet durch die Integration von internen und externen Produktionsfaktoren sowie durch die Synchronisation von Erbringung und Inanspruchnahme einer Tätigkeit;
- **Ergebnisorientierung**, d. h. das Leistungsergebnis ist immateriell und intangibel.Die **Abgrenzung zwischen Dienstleistungen und Sachleistungen** auf dieser Grundlage ist allerdings nicht unproblematisch, da alle drei Kriterien bestimmte Ausnahmen nicht erfassen bzw. auch für Sachleistungen zutreffen. Aber auch die von Mugler und Lampe (1987, S. 478) vorgelegte und von Ha-

© Springer Fachmedien Wiesbaden 2015

D. Lippold, *Perspektiven und Dimensionen der Unternehmensberatung*, essentials,
DOI 10.1007/978-3-658-12193-8_2

genmeyer (2002, S. 362 f.) übernommene Definition der Unternehmensberatung als eine *„Dienstleistung, die durch (I) Externalität, (II) Unabhängigkeit und (III) Professionalität gekennzeichnet ist"* kann unter Einbeziehung und besonderer Berücksichtigung der IT-Beratung *nicht* immer zielführend sein, denn:

- **Externalität** bedeutet, dass das Inhouse Consulting zwangsläufig aus der Betrachtung des Untersuchungsgegenstands *Unternehmensberatung* ausscheiden müsste. Sicherlich ist es erstrebenswert, wenn der Berater dem Kundenunternehmen eine Sichtweise anbieten kann, die sich von der üblichen und notwendigerweise vorhandenen „Betriebsblindheit" unterscheidet, dennoch können unzählige (IT-)Beratungsfälle aufgezählt werden, bei denen „Betriebsblindheit" für die Beauftragung keine Rolle spielt.
- **Unabhängigkeit** ist ebenfalls nicht in jedem Fall für den Berater erforderlich. Wie kann bspw. ein SAP-Berater unabhängig bzw. neutral sein, wenn er vielleicht doch nur die SAP-Software kennt und beherrscht? Sicherlich, für die *Auswahlberatung* eines ERP-Systems (ERP = Enterprise Resource Planning) sollte möglichst ein Berater beauftragt werden, der seine Sichtweise unabhängig von persönlichen und organisationsinternen Interessen, d. h. ausschließlich zum Wohle des Kunden aus einer objektiven Position formulieren kann. Doch wenn es um die *Einführungsberatung* von konkreter ERP-Software geht, kann der Berater seine Neutralität gegenüber anderen, vielleicht konkurrierenden Softwaresystemen durchaus ablegen.
- **Professionalität** ist für den Berater in der Tat unentbehrlich, denn sie macht die Kernkompetenz eines Beraters aus. Unter Professionalität sind *„ das Wissen und die Fähigkeit zu verstehen, die man – weitgehend unabhängig vom konkreten Bearbeitungsthema – zur Mitgestaltung und Steuerung von Beratungsprozessen benötigt, um sich und dem Klienten die notwendigen Freiräume zur Problembearbeitung zu sichern"* (Titscher 2001, S. 31).

Somit bleibt festzuhalten, dass eine vollständige und überschneidungsfreie Abgrenzung von Dienst- und Sachleistungen anhand von rein definitorischen Ansätzen auf der Grundlage von so genannten *konstitutiven Merkmalen* doch erhebliche Probleme aufwirft. Im Sinne eines geschlossenen Theoriegebäudes ist dagegen der **typologische Ansatz** eher geeignet, das Abgrenzungsproblem zwischen Dienst- und Sachleistungen transparent zu machen. Im Unterschied zu den rein definitorischen Ansätzen besteht der Vorteil der Typologie darin, dass die als relevant erachteten Ausprägungen eines Merkmals nicht eineindeutig bestimmt werden müssen, sondern als Kontinuum zwischen ihren Extremausprägungen dargestellt werden können. Typologien verwenden somit keine konstitutiven Beschreibungsmerkmale sondern Kriterien, die für das jeweilige Ziel der Typologiebildung die höchste Aussagekraft besitzen (vgl. Meffert und Bruhn 1995, S. 30 f.).

Auf Grundlage dieser Überlegungen haben Engelhardt et al. (1993, S. 416) eine Leistungstypologie vorgelegt, die auf zwei Dimensionen beruht und die zu vier Grundtypen von Leistungen führt (siehe Abb. 2.1). Die beiden Dimensionen sind der

- **Integrationsgrad** des betrieblichen Leistungsprozesses und der
- **Immaterialitätsgrad** des Leistungsergebnisses.

Auf der *Integrativitätsachse* geht es um die Gestaltung des **Leistungsprozesses**. Sie beschreibt die *Prozessdimension*. Danach sind Leistungen integrativ, wenn der *Kunde* an der Erstellung der Leistung in irgendeiner Form mitwirkt. Man spricht dabei auch von der Notwendigkeit zur Integration eines *externen Faktors* als Grundlage der Leistungserstellung. Ein solcher externer Faktor kann der Kunde selbst, ein Gegenstand des Kunden oder auch nur ein Kundenwunsch sein, der für die Erstellung der Dienstleistung wesentlich ist.

Auf der *Materialitätsachse* geht es um das **Leistungsergebnis**. Sie beschreibt die *Ergebnisdimension*. Leistungen sind dann immateriell, wenn die Leistungsergebnisse nicht „greifbar" sind.

Die **Extremfälle** dieser Typologie können wie folgt charakterisiert werden (vgl. Meffert und Bruhn 1995, S. 31):

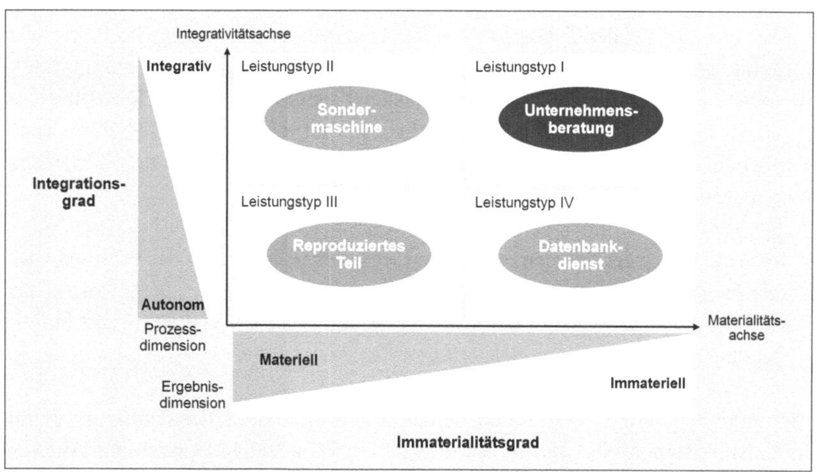

Abb. 2.1 Leistungstypologie nach Engelhardt et al. (1993)

- Der erste Leistungstyp beschreibt Problemlösungen, die nahezu ausschließlich immaterielle Leistungsergebnisse beinhalten und die unter starker Integration des externen Faktors erstellt werden (z. B. Unternehmensberatung).
- Der zweite Leistungstyp beinhaltet demgegenüber in hohem Maße materielle Leistungsergebnisse, die vom Anbieter unter Mitwirkung externer Faktoren erstellt werden (z. B. eine im Kundenauftrag erstellte Sondermaschine).
- Beim dritten Leistungstyp handelt es sich um Problemlösungen, die durch ein materielles Leistungsergebnis bei gleichzeitig weitgehend autonom gestaltetem Leistungserstellungsprozess gekennzeichnet sind (z. B. die klassischen Konsumgüter von Automobilen bis hin zu Lebensmittelprodukten).
- Für den vierten Leistungstyp sind ebenfalls autonome Prozesse bei der Leistungserstellung kennzeichnend, wobei das Leistungsergebnis hier jedoch immaterieller Natur ist (z. B. Datenbankdienste oder Softwareprodukte).

Beratungsleistungen sind somit in hohem Maße *immateriell* und *integrativ*. **Integrativ** deshalb, weil die Problemlösungen im engen Kontakt mit den Kundenunternehmen (als externer Faktor) erarbeitet werden. **Immateriell** deshalb, weil Beratungsleistungen nun einmal (physisch) nicht „greifbar" (engl. *tangible*) sind. Diese Zuordnung bedeutet jedoch nicht unbedingt, dass Beratungsleistungen vollständig ohne materielle Bestandteile auskommen müssen. So können Beratungsergebnisse auf Papier oder auf Folien zusammengefasst werden.

Noch differenzierter ist die Leistungstypologie, die Meffert (1998, S. 50) vorschlägt und die auf der Typologie von ENGELHARDT et al. aufsetzt. Sie führt zwar hinsichtlich der Abgrenzung von Dienst- und Sachleistungen zu keinem unmittelbar höheren Erkenntnisgewinn, zur Abgrenzung von Produkten und Dienstleistungen in der IT-nahen Software kann sie jedoch wichtige Anhaltspunkte liefern. MEFFERT behält die Immaterialitätsdimension bei und zerlegt die Integrationsdimension in die beiden Teildimensionen

- **Interaktionsgrad**, der sich auf jegliche Form der Einbindung des externen Faktors in den Leistungserstellungsprozess bezieht, und
- **Individualisierungsgrad**, der ein Kontinuum zwischen Standard- und Individualleistungen aufspannt.

Lässt man den bereits diskutierten Immaterialitätsgrad unberücksichtigt, so ergibt die Leistungstypologie von Meffert die in Abb. 2.2 gezeigte Darstellung. Auch in dieser Typologie nimmt die Unternehmensberatung eine Extremposition ein. Beratung ist hiernach eine Leistung, die durch eine hohe *Interaktivität* und gleichzeitig durch eine hohe *Individualität* gekennzeichnet ist.

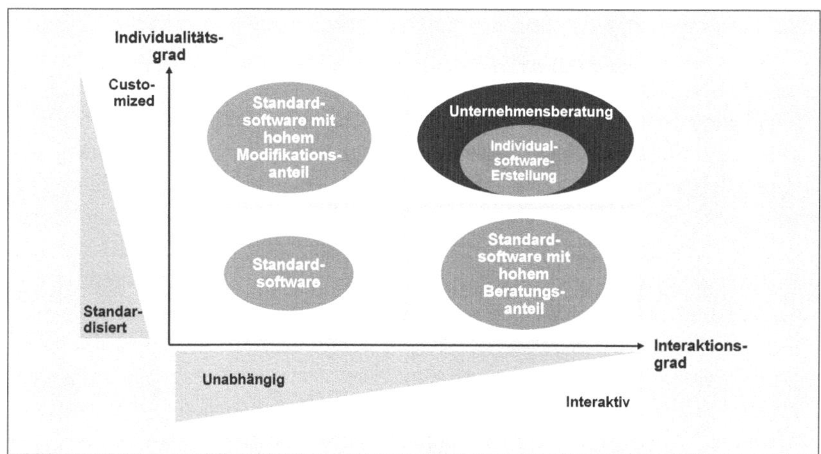

Abb. 2.2 Leistungstypologie im Softwareumfeld

Auf der Grundlage dieser Leistungstypologie lassen sich nun auch relativ unproblematisch Produkte und Dienstleistungen im **Softwareumfeld** abgrenzen. Ob es sich bei einer Softwareentwicklung um ein Produkt oder um eine Dienstleistung handelt, hängt davon ab, ob der Kunde als externer Faktor in den Softwareerstellungsprozess eingebunden ist oder nicht. Bei der individuellen Softwareentwicklung handelt es sich regelmäßig um eine **Dienstleistung**, da hier einerseits die *Interaktion* mit dem Kunden und andererseits die *individuelle* Kundenorientierung im Sinne einer „Customization" wesentlich sind. Standardsoftware oder auch „Packaged Software" zeichnet sich dagegen durch (Kunden-)Unabhängigkeit und ein hohes Maß an Standardisierung aus, weil sie weitestgehend ohne Zutun des Kunden erstellt wird. Damit ist Standardsoftware eine **Sachleistung** oder ein IT-Produkt. Wird Standardsoftware mit einem hohen Modifikationsanteil oder mit einem hohen Beratungsanteil (Installationsberatung) installiert, so handelt es sich nach dieser Darstellung um eine Mischform.

2.2 Funktionelle vs. institutionelle Dienstleistungen

In diesem Zusammenhang ist noch auf den für das Beratungsgeschäft wichtigen Unterschied zwischen *funktioneller* und *institutioneller* Dienstleistung hinzuweisen. Als **funktionelle Dienstleistungen** sind jene immateriellen und integrativen Leistungen zu verstehen, die ein Unternehmen zur Absatzförderung seiner selbsterstellten Sachgüter – quasi als „Neben"-Funktion – zusätzlich anbietet und erbringt. Beispiele für solche „Auch-Dienstleister" sind Softwarehäuser, die im Umfeld ihrer Standardsoftwareprodukte auch Beratungsleistungen wie Hotline-Service oder Einsatzunterstützung anbieten. Demgegenüber werden **institutionelle Dienstleistungen** von „Nur-Dienstleistern" (z. B. Beratungsunternehmen) erbracht – und zwar als Hauptfunktion zum Absatz von Sachleistungen, Nominalgütern und Dienstleistungen. Insofern liegt für Standardsoftware (im B2B-Bereich) das Verständnis einer investiven Sachleistung mit funktionellen Dienstleistungsanteilen zugrunde. Die Entwicklung von Individualsoftware ist dagegen eine institutionelle Dienstleistung. Beratungsleistungen, die im Umfeld von Standardsoftware erbracht werden (z. B. Einsatzberatung, Installationsunterstützung, Modifikationsservice), können sowohl funktionelle Dienstleistungen (wenn sie vom Softwareproduzenten durchgeführt werden) als auch institutionelle Dienstleistungen sein (wenn sie von einem Beratungsunternehmen erbracht werden). „Entwicklungsgeschichtlich" betrachtet haben sich die allermeisten Softwarehäuser von einen institutionellen Dienstleister zu einem funktionalen Dienstleister entwickelt, denn sehr häufig werden kundenbezogene Individuallösungen, die besonders leistungsfähig und funktional von allgemeinem Interesse sind, standardisiert und als Softwareprodukte einem größeren Kundenkreis zugänglich gemacht (vgl. Lippold 1998, S. 35 f. unter Bezugnahme auf Forschner 1988, S. 14 ff.).

Institutionelle Perspektive 3

Zur Charakterisierung des Gegenstandsbereichs *Unternehmensberatung* wird zumeist zwischen einer *institutionellen* und einer *funktionalen* Perspektive unterschieden. Institutionelle Aspekte befassen sich einerseits mit dem Träger der Beratung – also dem Berater bzw. dem Beratungsunternehmen – und andererseits mit dem Adressaten der Beratungsleistung, also dem Kunden. Um den „dreidimensionalen Anwendungsraum der Unternehmensberatung" zu vervollständigen, kommt neben Beratungsträger und Beratungsadressat schließlich noch das Beratungsobjekt als inhaltlicher Gegenstand der Beratungsdienstleistung hinzu (vgl. Hesseler 2011, S. 25 f.).

3.1 Beratungsträger

Beratungsträger sind diejenigen Personen bzw. Organisationen, die die Beratungsleistung anbieten und durchführen. Konstitutives Merkmal der Beratungsträger ist deren spezifische Qualifikation bzw. Sachverstand, obgleich das Kriterium der Qualifikation – aufgrund fehlender rechtlicher Grundlagen für die anerkannte Berufsausbildung – häufig nur schwer zu operationalisieren ist (vgl. Jeschke 2004, S. 21).

Aufgrund des freien Marktzugangs hat sich in Deutschland eine Vielzahl von Beratungsträgern etabliert. Die bislang vorgelegten Systematiken zur Strukturierung der Angebotsseite beziehen sich in der Regel auf *quantitative* oder zumindest leicht abgrenzbare Ordnungskriterien, die dann auch in den einschlägigen Marktstudien verwendet werden. Dies sind hauptsächlich **Träger- bzw. organisationsbezogene Kriterien** wie

© Springer Fachmedien Wiesbaden 2015
D. Lippold, *Perspektiven und Dimensionen der Unternehmensberatung,* essentials,
DOI 10.1007/978-3-658-12193-8_3

- Zielmarktbezogene Unternehmensgröße (z. B. Mittelstandsberatung, regionale Beratung, nationale Beratung, internationale Beratung)
- Unternehmensträger (z. B. Unternehmensberatung, Wirtschaftsprüfung, Steuerberatung, Verbandsberatung, studentische Beratung, Institutsberatung, Inhouse Beratung)
- Organisationsform (z. B. Einzelberater, Beratungsunternehmen, Corporate Consulting Company, Entrepreneurial Consulting Company, Semi-public Consulting Company)
- Rechtsform (z. B. GmbH, AG, KG, OHG).

Mindestens ebenso interessant und aussagekräftig können mehr *qualitative* Kriterien sein. Solche Merkmale beziehen sich eher auf **Leistungsinhalte** bzw. Portfolioinhalte wie

- Beratungsumfang (Spezialist, Generalist, Full-Service-Beratung)
- Funktionale Ausrichtung (z. B. Marketing-, Controlling-, HR- oder Logistikberatung)
- Branchenorientierte Ausrichtung (z. B. Bankenberatung, Speditionsberatung)
- Querschnittsorientierte Beratung (z. B. Strategieberatung, IT- und Technologieberatung, Organisations- und Prozessberatung, Sanierungsberatung, Innovationsberatung, Nachfolgeberatung).

Damit ergibt sich die Darstellung in Abb. 3.1, in der die verschiedenen Ausprägungen der Beratungsträger nach Unternehmensmerkmalen und nach Leistungsmerkmalen aufgeführt sind.

Bisher vorgelegte Systematiken differenzieren im Wesentlichen entweder in *funktions-/bereichsspezifische* und in *funktionsübergreifende* Beratung (vgl. Caroli 2007, S. 111) oder in *Beratungsträger der Kernbranche* bzw. in *Wettbewerber als Beratungsträger* (vgl. Niedereichholz 2010, S. 16) und können damit lediglich nur einen Teilausschnitt aller Beratungsträger-Bezeichnungen erfassen.

3.2 Beratungsadressaten

Als **Beratungsadressaten** werden alle Arten von Unternehmen bzw. Organisationen, privat- oder nicht-privatwirtschaftlicher Natur, verstanden, die Beratungsleistungen beauftragen oder beauftragen können. Diese Unternehmen bzw. Organisationen lassen sich – ähnlich wie die Beratungsträger – nach Betriebsgröße, Branche, Rechtsform etc. klassifizieren. Sie bilden die **Zielgruppe** der Beratungsträger. Eine gewichtige Zielgruppe können **Klein- und Mittelunternehmen** (KMU) sein,

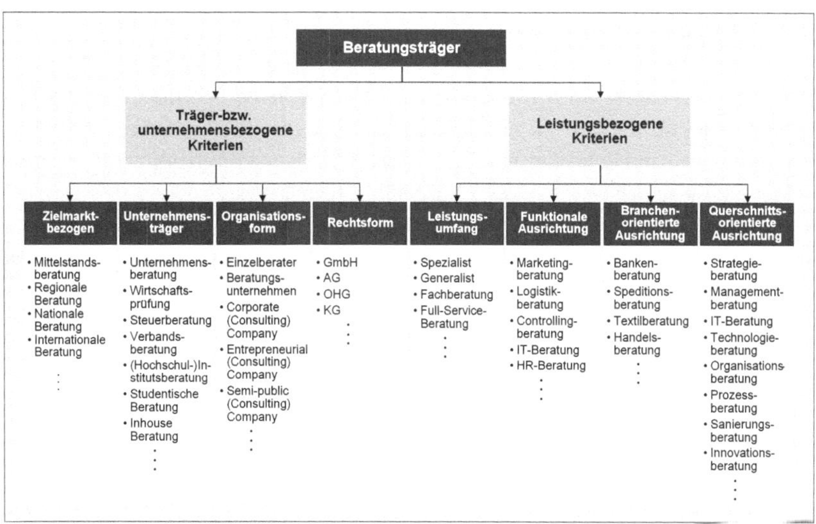

Abb. 3.1 Systematisierung der Beratungsträger

die sich durch relativ leicht erfassbare quantitative Merkmale wie Umsatz- und Mitarbeiterzahlen beschreiben lassen. Hier ist dann lediglich die immer wieder zu Diskussionen führende Unter-, vor allem aber Obergrenze von KMUs zu definieren. Solche quantitativen Merkmale beschreiben allerdings nur Symptome, die – trotz objektiven Bedarfs – die geringe Nachfrage nach Beratungsleistungen (vor allem IT-Beratung und Nachfolgeberatung) nicht erklären können. Zumeist handelt es sich dabei um Familienunternehmen, die sich durch nur schwer erfassbare qualitative Wesensmerkmale (z. B. patriarchalischer Führungsstil, ausgeprägtes Preisbewusstsein, Zusammengehörigkeitsgefühl und gemeinsame Geisteshaltung sowie Wertestabilität der Unternehmerfamilie) auszeichnen und die zu einer höheren *Beratungsresistenz* führen können. Insofern ist es vor allem die Analyse der qualitativen Kriterien, die ein bedarfsgerechtes Beratungsangebot initiieren kann (vgl. Hesseler 2011, S. 25 f.).

Innerhalb eines jeden Unternehmens sind es wiederum verschiedene **Zielpersonen**, die dem Berater als Interaktionspartner und Auftraggeber dienen. Solche Zielpersonen sind zumeist Führungskräfte, die allgemein als Management (Top-Management, mittleres Management) bezeichnen werden. Entsprechend wird auch häufig der Begriff **Managementberatung** (manchmal auch *Führungsberatung*) verwendet. Führungskräfte lassen sich aber auch in Form einer konkreten hierarchischen Rolle wie Vorstand, Geschäftsführer, IT-Leiter, Einkaufsleiter, Marketingleiter etc. charakterisieren.

3.3 Beratungsobjekte

Die dritte Dimension im Anwendungsraum *Unternehmensberatung* sind die **Beratungsobjekte**, die den Gegenstand der Problemlösung beschreiben. Das Beratungsobjekt kann sehr eng mit dem Beratungsträger korrelieren, weil es dem Träger häufig seinen Namen verleiht. Beispiele hierfür sind:

- Beratungsobjekt: Nachfolgemanagement ↔ Beratungsträger: Nachfolgeberater bzw. -Nachfolgeberatung;
- Beratungsobjekt: Strategie bzw. strategisches Management ↔ Beratungsträger: Strategieberater bzw. Strategieberatung;
- Beratungsobjekt: Logistik bzw. Logistikmanagement ↔ Beratungsträger: Logistikberater bzw. Logistikberatung.

Neben der möglichen Verwechslungsgefahr zwischen Beratungsträger und Beratungsobjekt kommen noch die Vielfältigkeit, Interdependenz und Veränderbarkeit der Beratungsfelder bzw. Beratungsthemen hinzu, so dass es schwer fällt, fest abgrenzbare Objekte im Anwendungsraum der Beratungsleistungen zu definieren. Der Bundesverband Deutscher Unternehmensberater **BDU** e. V. sucht einen pragmatischen Ausweg, in dem er seine **Fachverbände** nach den Auftragsschwerpunkten seiner Mitgliedsfirmen ausrichtet und auf diese Weise zu einer Auflistung vorwiegend relevanter Beratungsobjekte gelangt (vgl. Hesseler 2011, S. 31 f.):

- Unternehmensführung + Controlling
- Management + Marketing
- Informationsmanagement + Logistik
- Personalmanagement
- Change Management
- Integrative Unternehmensprozesse
- Finanzierung
- Gründung, Entwicklung, Nachfolge
- Sanierung und Insolvenz
- Outplacement
- Öffentlicher Sektor
- Healthcare.

Die Liste der BDU-Fachverbände vervollständigt noch die *Personalberatung*, die hier aber nicht Gegenstand der Betrachtung ist.

Funktionale Perspektive 4

Warum gibt es die Unternehmensberatung? Was sind ihre Aufgaben? Was ist die Existenzberechtigung der Beratungsunternehmen? Was macht das Spezifische einer Beratungsleistung aus? Was erwartet der Kunde, wenn er einen Berater hinzuzieht?

4.1 Klassische Beratungsfunktionen

Die Beratungsforschung beantwortet diese Fragen im Wesentlichen mit den folgenden sieben (klassischen) Funktionen (vgl. Kraus und Mohe 2007, S. 268 und 271 sowie Jeschke 2004, S. 50 ff.):

Wissenstransferfunktion Diese Funktion dominiert in der Beraterliteratur und entspricht im Wesentlichen auch der Selbstbeschreibung der Branche. Der Berater verfügt über das erforderliche Fakten-, Erfahrungs- und Methodenwissen und setzt dieses zur Lösung von Problemen beim Kunden ein.

Prüfungsfunktion Mit der Transferfunktion einher geht häufig die Prüfungsfunktion. So wird der Unternehmensberater zur quasi-empirischen Überprüfung von Annahmen, Realitätsnähe und Exaktheit praktisch-normativer Handlungen (z. B. als Gutachter) eingesetzt.

Impulsfunktion Von der Beratungspraxis gehen zunehmend Impulse auf betriebswirtschaftliche Entwicklungsrichtungen aus. Unternehmensberater setzen sich frühzeitig mit einzel- und gesamtwirtschaftlichen Trends auseinander, erfassen anwendungsorientierte Anforderungen der Kundenunternehmen an betriebswirt-

© Springer Fachmedien Wiesbaden 2015

D. Lippold, *Perspektiven und Dimensionen der Unternehmensberatung,* essentials,

DOI 10.1007/978-3-658-12193-8_4

schaftliche Modelle und IT-Technologien und geben so Impulse zur Initiierung von Innovationen.

Politikfunktion Diese (latente) Funktion spielt immer dann eine Rolle, wenn der Berater zur Unterstützung des Auftraggebers bei der Durchsetzung bereits feststehender Vorstellungen herangezogen wird.

Durchsetzungsfunktion Im Rahmen dieser Funktion wird der Berater zur aktiven Mobilisierung von Unterstützung und zur Konsensfindung bei noch nicht feststehenden Vorstellungen des Kunden eingesetzt.

Legitimationsfunktion Hier werden insbesondere sehr namhafte Beratungshäuser beauftragt, um bestimmten Ideen oder Projekten ihren guten Ruf bei der Durch- und Umsetzung zu verleihen.

Interpretationsfunktion Im Rahmen dieser Funktion bietet der Berater als Gesprächspartner („soundboard") neue Interpretationsweisen an und hilft, die Aktionen des Managements zu reflektieren.

Innerhalb dieser Auflistung ist die *Wissenstransferfunktion*, die den Berater als Vermittler fundierten (theoretischen) Wissens (an die Praxis) kennzeichnet, von zentraler Bedeutung. Neben dieser dominierenden Funktion des Wissenstransfers sind die übrigen Funktionen eher latente Funktionen, die kaum im Mittelpunkt der Außendarstellung stehen, aber dennoch die Inanspruchnahme von Beratungsleistungen motivieren können (vgl. Kraus und Mohe 2007, S. 271).

4.2 Beratungstyp-bezogene Funktionen

Ein etwas differenzierterer Ansatz, der zunächst drei „engpassorientierte Typen" von Unternehmensberatung unterscheidet, ordnet diesen drei **Beratungstypen** jeweils drei Beratungsfunktionen zu (vgl. Caroli 2007, S. 115 ff.):

Der erste Beratungstyp, die **instrumentelle Beratung**, dient dem Kundenunternehmen als **zusätzliche Handlungskapazität**. Die instrumentelle Beratungsbeziehung ist somit eine *Delegationsbeziehung*, bei der der Berater die Rolle einer externen Stabsabteilung einnimmt. Dieser Beratungstyp ist durch folgende Funktionen gekennzeichnet:

- Managementfunktion
- Sanierungsfunktion
- Stabsfunktion.

Die **konzeptionelle Beratung** als zweiter Beratungstyp dient dem Kunden primär als **Zusatzexpertise**. Sie soll dem Kundenunternehmen helfen, neue zweckmäßige Problemlösungen zu finden, die sonst außerhalb des Erfahrungshorizonts des Kunden gelegen hätten. Dieser Beratungstyp ist gekennzeichnet durch eine Sparringsbeziehung und zeichnet sich durch folgende Funktionen aus:

- Interventionsfunktion
- Moderationsfunktion
- Orientierungsfunktion.

Bei der **symbolischen Beratung**, dem dritten Beratungstyp, nutzt der Kunde die Beratung als **zusätzlichen Urteilsmaßstab**. Die symbolische Beratungsbeziehung lässt sich auch als **Schiedsbeziehung** auffassen, da das Urteil des Beraters zweckmäßige Handlungsalternativen ermöglichen soll, zu deren Auswahl dem Management des Kundenunternehmens allein die Vertrauensbasis gefehlt hätte. Folgende Funktionen sind Grundlage der symbolischen Beratung:

- Konfirmationsfunktion
- Legitimationsfunktion
- Schlichtungsfunktion.

Abbildung 4.1 liefert einen Überblick über die Beratungsfunktionen im Kontext der drei Beratungstypen.

4.3 Zielbezogene Beratungsfunktionen

In diesem Kontext sind auch die fünf grundsätzlichen **Beratungsansätze** von Unternehmensberatern aufgeführt. Diese Beratungsansätze sind **ziel- bzw. anforderungsbezogen** gruppiert (vgl. Sommerlatte 2004, S. 2 f.):

Capacity-based Consulting Häufig werden Leistungen, die nicht zur Beherrschung des laufenden Geschäfts gehören und für die das Unternehmen über keine oder nur geringe eigenen Kapazitäten verfügt, an Externe verlagert. Berater erfüllen hierbei die Funktion abrufbarer Bearbeitungskapazitäten. Das Projektmanagement, für das kein eigener Manager abgestellt werden kann, ist ein typisches Beispiel. Letztlich zählt aber auch die SAP-Einführungsunterstützung, die aus Kapazitätsgründen zeitlich begrenzt in Anspruch genommen wird, zu diesem Dienstleistungsansatz, der vorwiegend dem Beratungstyp *instrumentelle Beratung* zuzuordnen ist.

Beratungstyp	Instrumentelle Beratung	Konzeptionelle Beratung	Symbolische Beratung
Beratungsfunktion	• Managementfunktion • Sanierungsfunktion • Stabsfunktion	• Interventionsfunktion • Moderationsfunktion • Orientierungsfunktion	• Konfirmationsfunktion • Legitimationsfunktion • Schlichtungsfunktion
Nutzen der Beratungsbeziehung	Zusätzliche Handlungskapazität	Zusatzexpertise	Zusätzlicher Urteilsmaßstab
Wesen der Beratungsbeziehung	Unternehmensberatung als Kapazitätsausleihe (Wirtschaftlichkeitskalkül)	Unternehmensberatung als Erfahrungstransfer (Entwicklungskalkül)	Unternehmensberatung als Vertrauensgrundlage (Objektivierungskalkül)
Art der Beratungsbeziehung	Delegationsbeziehung	Sparringsbeziehung	Schiedsbeziehung
Beratungsansatz	Capacity-based Consulting	• Content-based Consulting • Experience-based Consulting • Process-based Consulting	Arbitration-based Consulting

Abb. 4.1 Beratungsfunktionen im Kontext

Content-based Consulting Bei diesem Ansatz geht es um die Beschaffung von Kenntnissen und Expertisen, über die man selber nicht verfügt. Typische Beispiele sind Methodenberatung, Benchmarkings, Aufbau eines E-Business-Systems, Customer Relationship Management etc. Das Content-based Consulting zählt zum Beratungstyp der *konzeptionellen Beratung*.

Experience-based Consulting Hierbei handelt es sich um die Einbringung von Erfahrungen bei der Lösung von Aufgaben und Problemen und der Realisierung neuer Vorhaben. Dazu zählen insbesondere Restrukturierungsvorhaben, Umgestaltung oder Roll-out von ERP-Systemen, Akquisitions- und Fusionsvorhaben. Dieser Beratungsansatz wird ebenfalls überwiegend zum Beratungstyp der *konzeptionellen Beratung* gezählt.

Process-based Consulting Will das Unternehmen schließlich einen beschlossenen Veränderungsprozess unter zuverlässiger, externer Führung realisieren, so werden regelmäßig Berater beauftragt, die sich auf Problemlösungs-, Interaktions- und Moderationsmethoden spezialisiert haben. Auch das Process-based Consulting ist ein gutes Beispiel für die *konzeptionelle Beratung*.

Arbitration-based Consulting Besteht Unsicherheit bei der Bewertung bestimmter Entscheidungen, wird häufig eine neutrale Sichtweise gesucht. In solchen Fäl-

Beratungsansatz	Situation beim Kundenunternehmen	Mehrwert durch Unternehmensberater	Beispiele
Content-based Consulting	Methodische, organisatorische, IT- oder sonstige Expertise ist für bestimmte Aufgabenstellungen nur unzureichend vorhanden	Spezifische Kenntnisse und kreative Impulse von außen	• Methodenberatung • Benchmarkings • Aufbau eines E-Business-Systems • Customer-Relationship-Manage-ment
Experience-based Consulting	Bestimmte Erfahrungen bei der Realisierung neuer Vorhaben nur unzureichend vorhanden	Spezifische Erfahrungen für bestimmte Vorhaben von außen	• Restrukturierungsvorhaben • Roll-out von ERP-Systemen • Akquisitions- und Fusionsvorhaben
Capacity-based Consulting	Eigene Mitarbeiter können den Ressourcenbedarf für bestimmte Projekte nicht oder nur unzureichend abdecken	Abbau von Kapazitätsengpässen	• Projektmanagement • Wartung und Pflege von ERP-Systemen • Business Process Outsourcing
Arbitration-based Consulting	Entscheidungssituationen/ Veränderungsprozesse sollen ohne Betriebsblindheit oder Interessenkonflikte bewältigt werden	Objektivität des Unparteiischen	Auswahl- und Entscheidungsprozesse für den Einsatz neuer IT-Systeme
Process-based Consulting	Wichtige Entscheidungs-, Führungs- und Veränderungsprozesse sollen begleitet und kritisch hinterfragt werden	Kritische Begleitung des Veränderungsprozesses	Alle Veränderungsprozesse

Abb. 4.2 Dienstleistungsansätze im Beratungsgeschäft

len wird auf das unabhängige und neutrale Urteil eines externen Beraters gesetzt. Das Arbitration-based Consulting ist eindeutig dem Beratungstyp der *symbolischen Beratung* zuzuordnen.

In Abb. 4.2 sind die verschiedenen Dienstleistungsansätze des Beratungsgeschäfts im Überblick dargestellt.

Darüber hinaus soll nicht verschwiegen werden, dass es auch gute Gründe geben kann, warum in manchen Situationen der Einsatz von Unternehmensberatern nicht sinnvoll ist bzw. ernsthaft in Frage gestellt werden sollte. Hierzu zählen bspw. Situationen, wenn sich der Ruf nach Beratern so eingebürgert hat, dass kaum noch ein Vorhaben ohne externe Hilfe entschieden und umgesetzt werden kann. Dadurch verliert die eigene Unternehmensführung an Akzeptanz, ja es entsteht bei den Mitarbeitern sogar der Eindruck der Degradierung. Auch in jenen Situationen, wenn die jeweils laufenden Projekte durch die Berater dazu benutzt werden, immer neue Problemstellungen zu identifizieren und ins Bewusstsein der Kunden zu rücken, um damit Folgeaufträge zu generieren, ist zumindest Vorsicht seitens der Kundenunternehmen geboten (vgl. Sommerlatte 2004, S. 10 f.).

Systembezogene Perspektive 5

Das **Beratungssystem** setzt sich aus Interaktion und Kommunikation von Beratungsträger (Berater) und Beratungsadressat (Kunde bzw. Interessent) zusammen. Das Zusammenwirken zwischen Beratungsträger und Beratungsadressat ist zugleich maßgebend für den Beratungserfolg. Folgende Teilsysteme des Beratungssystems sind zu unterscheiden (vgl. Hesseler 2011, S. 36 f.):

5.1 Beratungssystem im weiteren Sinne

Das Beratungssystem im weiteren Sinne setzt sich zusammen aus den Beziehungen zwischen dem

- **Kunden-/Interessentensystem,** das aus der Organisation des Kunden insgesamt und vor allem auch aus der Organisation des Kunden (Interessenten) in der Akquisitionsphase z. B. als Buying Center (Influencer, Gatekeeper, Decider, Buyer, User) besteht und dem
- **Beratersystem im Allgemeinen,** das die Organisation des Beratungsunternehmens insgesamt sowie seine vertriebliche Organisation (z. B. in Form eines Selling Centers) in der Akquisitionsphase meint.

5.2 Beratungssystem im engeren Sinne

Das Beratungssystem im engeren Sinne ist eingebettet in das Beratungssystem im weiteren Sinne und bezieht sich auf die konkrete Systemumgebung des Beratungsprojekts. Es besteht aus dem

© Springer Fachmedien Wiesbaden 2015
D. Lippold, *Perspektiven und Dimensionen der Unternehmensberatung,* essentials,
DOI 10.1007/978-3-658-12193-8_5

- **Kunden-/Auftraggebersystem**, das sich aus den in das Beratungsprojekt eingebundenen Personen des Auftraggebers (Projektleiter, Projektmitarbeiter, User etc.) zusammensetzt und dem
- **Beratersystem**, zu dem alle Personen/Berater zählen, die in das Beratungsprojekt eingebunden sind (z. B. Projektmanager, Projektmitarbeiter, Berater etc.).

In Abb. 5.1 sind die entsprechenden Teilmengen und Beteiligte am Beratungssystem dargestellt.

5.3   Beraterrollen und Kundenerwartungen

Ein Teil des Beratungssystems sind die Erwartungen des Kunden an die beauftragte Leistung. Werden die Kundenerwartungen erfüllt oder gar übertroffen, spricht man von *Kundenzufriedenheit*. Die Erwartungen des Kunden sind somit der Ausgangspunkt der Beratungsleistung. Insofern ist es nur konsequent, dass der Berater den *Erwartungswert* seiner Leistungen hinterfragt. Da bei einer Dienstleistung die Erwartungen immer an bestimmte Personen gerichtet sind, ist es anschaulicher, die Erwartungen an bestimmten Rollen festzumachen und den Mehrwert dieser Rollen zu hinterfragen. Folgende Rollen sollen hier beispielhaft erläutert werden (vgl. überwiegend Eichen und Stahl 2004, S. 3 ff.):

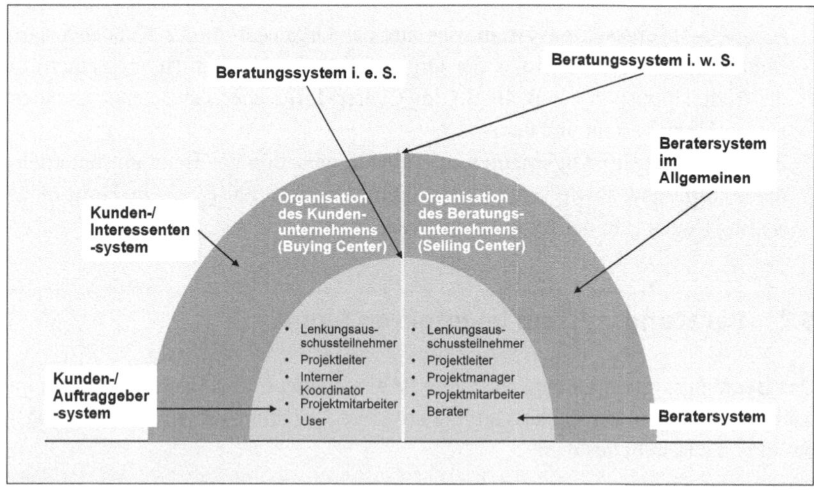

Abb. 5.1 Das Beratungssystem und seine Teilmengen

Der Irritierende In der Rolle des Irritierenden unterbricht der Berater Routinen und stört Bestehendes. Das können Strukturen, Weltbilder, mentale Modelle, soziale Schemata, Einstellungen, Normen oder Regeln sein, kurz alles, was der Berechenbarkeit der Organisation dient. Seinen Mehrwert stiftet der Irritierende durch Perspektiven, die das Kundenunternehmen selbst vielleicht nie verfolgt hätte.

Der Mentor Mit der Rolle des Mentors verbindet man einen erfahrenen Ratgeber und Helfer. Er führt das Kundenunternehmen durch schwierige Themen (Markt, Technologie) und besticht durch das breite Spektrum seiner Kompetenzen. Er hilft, wahrgenommene Komplexität zu bewältigen. Sein Mehrwert entsteht aus intensiver Beobachtung, aktivem Zuhören und gemeinsamer Reflexion.

Der Konzeptlieferant Der Konzeptlieferant bietet Werkzeuge (engl. *Tools*) an, die – sofern sie zu den Problemen passen – als kostengünstige Lösung einen erheblichen Mehrwert bieten können. Allerdings ist beim Konzeptlieferanten die Versuchung groß, dass das Verkaufen der Tools über die Beratung gestellt wird.

Der Schamane Der Schamane ist Mittler zwischen der gruppengemeinsamen Alltagsrealität und der transzendenten Welt. Er steht besonders den beiden Problemfeldern von Organisationen sehr nahe: der Zukunft und der Kultur. Sein Mehrwert kann darin liegen, dass er die Kräfte jenseits der Ratio zu wecken weiß.

Der Benchmarker Benchmarking, d. h. das Lernen von den Besten und das Gucken über den Tellerrand, ist die ureigene Disziplin des Beraters. Aufgrund seiner Branchenkenntnisse verfügt keiner über so viel Benchmark-Know-how wie der Berater. Der Mehrwert des Benchmarkers liegt darin, dass das Kundenunternehmen Einsicht in das Wettbewerberumfeld bekommt und von den Besten lernen kann.

Der Umsetzer Der Umsetzer stellt sein Handeln über das Denken. Er ist der Macher unter den Beratern. Im Gegensatz zum Konzeptlieferanten kann das Konzept beim Macher durchaus auch vom Kunden selbst oder ggfs. auch von anderen Beratern kommen. Und anders als beim Mentor pocht er auf eine rasche Umsetzung, die den Mehrwert seiner Aktivitäten darstellt.

Der Spiegel Von Zeit zu Zeit ist es unumgänglich, dass Organisationen einen Blick in den Spiegel werfen. Berater halten diesen Spiegel sehr gerne vor, weil sich im Spiegelbild einer Organisation immer Abweichungen vom Idealzustand finden lassen. Die Rolle des Spiegels hat insbesondere den Mehrwert, dass ein Problembewusstsein in der Organisation geschaffen wird.

Der Legitimator Häufig gibt es Ideen im Kundenunternehmen, die weder auf fremden Konzepten beruhen noch einer Umsetzung durch andere bedürfen. Doch da der „Prophet im eigenen Lande" nichts zählt, ist es sehr schwierig, solche Ideen umzusetzen. Hier springt der Berater als Legitimator ein. Sein Mehrwert liegt darin, dass er der Idee oder dem Projekt seinen guten Ruf leiht.

Der Change Agent Unternehmen auf neue Trends und Zukunftsmärkte vorzubereiten, das ist die Aufgabe von Change Agents. Mit dieser Rolle wird der Berater zum Brückenbauer zwischen Wissenschaft und Praxis. Mit seinen profunden IT-Kenntnissen spürt er neue Entwicklungen auf und hilft dabei, den Anwendungsbezug verständlich zu machen und diese Trends in Innovationsfelder und neue Produkte zu transferieren.

Der Zeitarbeiter Zeitweise geht es den Kundenunternehmen einfach nur darum, vorhandene Kapazitätsspitzen abzudecken bzw. auszugleichen, ohne gleich neue Mitarbeiter, die man nach Projektabschluss nicht mehr benötigt, einstellen zu müssen. Hier ist die Rolle des Beraters als Zeitarbeiter gefragt. Dieser arbeitet zwar nicht konzeptionell, sein Mehrwert liegt aber in der Beseitigung von Kapazitätsengpässen.

Der Moderator Die Rolle des Beraters als Moderator ist mehr auf der Managementebene angesiedelt. Der Moderator hat nicht den Ehrgeiz und Willen, dem Kunden neues Wissen beizubringen. Ihm geht es vielmehr um eine neutrale Einflussnahme und Steuerung, um Arbeitsgruppen in die Lage zu versetzen, effektiv und effizient zu arbeiten.

Der Coach Coaching ist ein Mittel zur Förderung der Entwicklung von Führungskräften und Mitarbeitern und vereinfacht in der Regel dadurch angestoßene Veränderungsprozesse. Der *Coach* zieht diverse Gesprächstechniken und seine professionelle Erfahrung heran, um den *Coachee* dabei zu unterstützen, dessen gesetzten Ziele zu erreichen.

Der Gutachter Der Gutachter wird besonders in Zweifelsfällen herangezogen. Er bewertet Geschäftsvorfälle und stellt so etwas wie eine letzte, unumstößliche Instanz dar. Sein Mehrwert besteht hauptsächlich darin, Projektergebnisse gegenüber einem interessierten Kreis zu plausibilisieren und zu evaluieren.

Rolle	Wesen	Mehrwert	Bedeutung für		
			Plan	Build	Run
Irritierender	Stört Bestehendes	Erweitert und verändert Perspektiven	+		
Mentor	Hört zu, regt an, nimmt an der Hand	Hilft Komplexität zu bewältigen	+		
Konzeptlieferant	Bietet Werkzeuge an	Liefert „kostengünstige" Lösungen		+	+
Schamane	Sorgt sich um das Spirituelle	Weckt Kräfte jenseits der Ratio	+		
Benchmarker	Guckt über Tellerrand	Bringt Einsicht in Wettbewerberumfeld	+	+	+
Umsetzer	Der „Macher" unter den Beratern	Bringt Dinge in Bewegung		+	
Spiegel	Hilft die „blinden Flecken" zu entdecken	Schafft Problembewusstsein	+		
Legitimator	Erteilt den „rubber stamp"	Beruhigt Zweifler und Kritiker	+		
Change Agent	Vermittelt zwischen zwei Welten	Macht Erkenntnisse nutzbar	+	+	
Zeitarbeiter	Arbeitet nicht konzeptionell	Beseitigt Kapazitätsengpässe		+	+
Moderator	Schafft Neutralität	Bringt Effizienz in Arbeitsgruppen	+		
Coach	Bewertet Geschäftsvorfälle	Plausibilisiert Projektergebnisse	+		
Gutachter	Bewertet Geschäftsvorfälle	Plausibilisiert Projektergebnisse	+		

Abb. 5.2 Beraterrollen

In Abb. 5.2 sind die Beraterrollen nach Wesen, Mehrwert und nach ihrer Bedeutung im Rahmen des *Plan-Build-Run*-Modells zusammengefasst.

Alle hier aufgeführten Rollen sind nicht überschneidungsfrei und damit häufig auch nicht isoliert zu sehen. So kann ein Berater durchaus in mehrere Rollen schlüpfen. Ein *Change Agent* kann irritieren, spiegeln oder umsetzen. Oder er kann als Mentor, Schamane oder Legitimator agieren.

Prozessbezogene Perspektive 6

Die Dienstleistungsproduktion in der Beratung, also die Erstellung der Problemlösung, ist ein *Prozess*, der durch einige Besonderheiten charakterisiert ist. Ein Kennzeichen ist die Unbestimmtheit des Erstellungsprozesses, die unmittelbaren Einfluss auf den Phasenverlauf einer Beratung ausübt. Die Interdependenzen zwischen Unbestimmtheit und Phasenkonzept des Beratungsprozesses sollen im Folgenden aufgezeigt werden.

6.1 Unbestimmtheit als Charakteristikum von Beratungsprozessen

Die relevanten Komponenten der Dienstleistungsproduktion (also des Leistungserstellungs- bzw. Beratungsprozesses) sind

- der **Input**,
- der **Transformationsprozess** (individuelle Beratungstechnologien sowie Wirkung der Zusammenarbeit zwischen Berater und Kundenunternehmen) und
- der **Output** (vgl. Schade 2000, S. 88).

Eine Besonderheit bei Beratungsprozessen ist nun, dass diese Bestandteile in der Regel *indeterminiert* sind, d. h. die Komponenten der Dienstleistungsproduktion im Beratungsbereich können noch verschiedene, im Voraus nicht bekannte Ausprägungen annehmen und sind daher in hohem Maße unbestimmt (vgl. Schade 2000, S. 88 ff. und Gerhard 1987, S. 105 ff.):

© Springer Fachmedien Wiesbaden 2015
D. Lippold, *Perspektiven und Dimensionen der Unternehmensberatung*, essentials,
DOI 10.1007/978-3-658-12193-8_6

- Die Unbestimmtheit des **Inputs** ist u. a. darin begründet, dass möglicherweise bestimmte Informationen, die für den Projektverlauf von Bedeutung sind, bei Projektbeginn noch nicht bekannt sind bzw. vorliegen oder auch (sowohl auf der Berater- als auch auf der Kundenseite) zurückgehalten werden.
- Die Indeterminiertheit des **Transformationsprozesses** ist in erster Linie auf die hohe Flexibilität der Beratungsdurchführung, auf die Unwägbarkeiten bei der Zusammenarbeit zwischen Kunden- und Beraterteams, auf Einflüsse des Umfeldes sowie auf mögliche Erkenntniszuwächse während des Projektablaufs zurückzuführen.
- Die Unbestimmtheit des **Outputs** ist wiederum Folge des indeterminierten Inputs und des flexiblen Transformationsprozesses, d. h. auch der Output kann *ex ante* nicht exakt geplant werden, wenn Input und Transformationsprozess unbestimmt sind.

Die Unbestimmtheit des Beratungsprozesses kann sich negativ, aber auch positiv auf den Beratungsauftrag auswirken. Die negative Sicht besteht darin, dass der Transformationsprozess schlecht steuerbar ist. Die positive Sicht bezieht sich auf den Vorteil einer höheren Flexibilität.

6.2 Phasen des Beratungsprozesses

Beratungsprojekte bestehen regelmäßig aus mehreren, technologisch unterschiedlichen und aufeinander aufbauenden Phasen. In Theorie und Praxis wird eine Vielzahl von Phasenmodellen vorgestellt, diskutiert und gehandhabt. Letztendlich liegen die Unterschiede dieser Prozessmodelle im Wesentlichen in der Anzahl der Phasen und weniger in inhaltlichen Überlegungen. Hier soll ein idealtypischer Beratungsprozess, der aus vier Prozessphasen und acht Prozessschritten besteht und damit einem Modellvorschlag von Schade (2000) sehr ähnelt, als Grundlage für die Diskussion der Prozess-Perspektive dienen:

- **Informations- bzw. Akquisitionsphase** mit den Prozessschritten Kontakt und Information und Angebots- und Vertragsgestaltung
- **Analysephase** mit den Prozessschritten Ist-Analyse und Zielformulierung
- **Problemlösungsphase** mit den Prozessschritten Soll-Konzept und Realisierungsplanung
- **Implementierungsphase** mit den Prozessschritten Realisierung/Umsetzung und Evaluierung/Kontrolle.

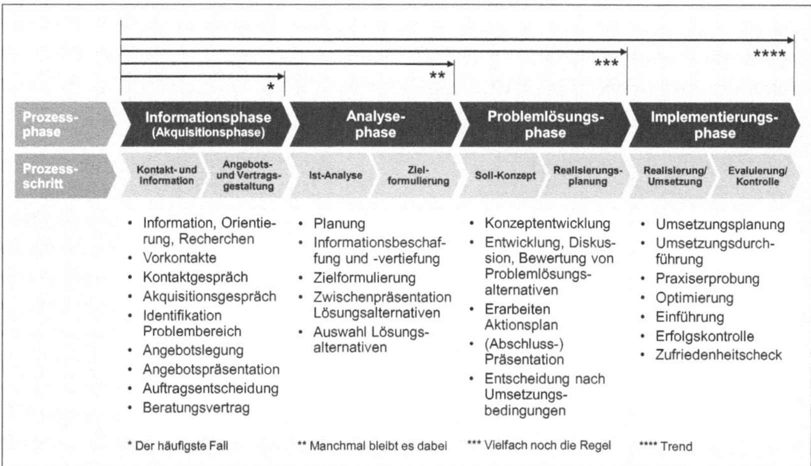

Abb. 6.1 Phasenmodell eines idealtypischen Beratungsprozesses

Das so beschriebene Phasenmodell (siehe Abb. 6.1) zeichnet sich gegenüber anderen Modellansätzen dadurch aus, dass hier die Akquisitionsphase, deren Aktivitäten in aller Regel nicht fakturiert werden können, mit zum Beratungsprozess gezählt wird. Das Prozessmodell hat u. a. die Aufgabe, der oben skizzierten Unbestimmtheit des Beratungsprozesses und den damit verbundenen Informationsproblemen gerecht zu werden. Konkret bedeutet dies, dass das Kundenunternehmen nach Abschluss einer Phase die zusätzliche Option hat, das Beratungsunternehmen zu wechseln oder insgesamt aus dem Projekt auszusteigen. Das führt dann in der Praxis dazu, dass ein großer Prozentsatz der so definierten Beratungsprojekte naturgemäß bereits nach der Akquisitionsphase beendet ist, da das Beratungsunternehmen den Zuschlag nicht erhält.

Innerhalb der fakturierten Phasen kommt es durchaus vor, dass das Projekt bereits nach der Analysephase beendet wird. Sehr viel häufiger ist aber ein Projektende nach Abschluss der Problemlösungsphase anzutreffen. So sind in der Praxis immer wieder Kundenunternehmen anzutreffen, die für den strategischen Teil eines Projektes eine **Managementberatung** und für die Realisierung eine **Umsetzungsberatung** (engl. *Transformation Consulting*) beauftragen. Um diesem „hybriden" Projektvergabeverhalten entgegenzuwirken, sind namhafte Strategie- und Managementberatungen dazu übergegangen, auch die Umsetzungsberatung in ihr Beratungsportfolio aufzunehmen. Ebenso bauen größere IT-Beratungsgesellschaften, deren Kernkompetenz bislang ausschließlich die IT-basierte Umsetzung war, verstärkt das Angebot an strategischer Beratung aus. Gleichzeitig sehen diese Beratungsgesellschaften in der verstärkten Bearbeitung von strategischen Komponenten die Möglichkeit, auch den Vertriebsweg über die Geschäftsleitungen und nicht nur ausschließlich über den CIO (Chief Information Officer) zu beschreiten.

6.3　Prozessberatung vs. Inhaltsberatung

Ein weiterer Aspekt der prozessbezogenen Perspektive ist die Unterscheidung zwischen Inhalts- und Prozessberatung. Bei der *inhaltsbezogenen* Beratung besteht die Aufgabe des Beraters zumeist darin, die inhaltliche Lösung eines Problems zu entwickeln und dem Kundenunternehmen in Form eines *Gutachtens* zur Implementierung zu übergeben. Durch die Einbindung inhaltsorientierter Berater erlangt der Kunde unmittelbaren Zugriff zu neuem Wissen und einen Vorschlag zur Problemlösung. Der Berater nimmt somit die Rolle eines *Lösungsfinders* ein. Im Gegensatz dazu wird in der *Prozessberatung* die inhaltliche Lösung des zugrunde liegenden Problems von der Kundenorganisation selbst entwickelt und implementiert. Der Berater übernimmt in diesem Fall lediglich die *Moderatorfunktion* und bringt Methoden und Denkweisen in den Prozess ein. Bei der prozessorientierten Beratung geht es also letztlich darum, die Lernfähigkeit der Kundenorganisation zur selbständigen Findung von Problemlösungen zu entwickeln (Transferfunktion). In der Praxis wird es im Rahmen eines Beratungsprojektes häufig zu einer Vermischung beider Beratungsarten kommen (vgl. Bamberger und Wrona 2012, S. 16 ff.).

Instrumentell-methodische Perspektive   7

7.1 Beratungskonzepte

Problemlösungen als Ziel des Beratungsprozesses sind zumeist eingebettet in **Beratungskonzepte**, die *„als allgemeine, theoretisch oder auch empirisch begründete Regeln verstanden werden (und) ... als konditionale, normative Denkmodelle ... vornehmlich der Ideologiebildung im Rahmen meinungsbildender Diskurse (dienen)"* (Fink 2009, S. 7). Beispiele für erfolgreiche Beratungskonzepte auf Strategieebene sind die Leitgedanken des *Shareholder Value*, die Konzepte des *Portfoliomanagements*, der Kernkompetenzen oder der *Mergers & Acquisitions*, das Konzept des *Outgrowing*, die Ideen des *Lean Management* oder des *Business Process Reengineering*. Solche Beratungskonzepte, die aufgrund ihrer Zielpersonen auch als Managementkonzepte bzw. -ansätze bezeichnet werden, haben gerade in den letzten Jahren Hochkonjunktur. In diesem Zusammenhang ist auch von **Managementmoden**, die in der Literatur zum Teil heftig kritisiert werden, die Rede (vgl. Jeschke 2004, S. 52 f.).

Abbildung 7.1 macht die „inflationäre" Entwicklung der Beratungs- bzw. Managementansätze deutlich. Obendrein widersprechen sich diese Ansätze zum Teil oder es handelt sich um „alten Wein in neuen Schläuchen".

7.2 Beratungsmethoden

Ideen und Konzepte reichen allerdings nicht aus, um konkrete Aufträge bearbeiten zu können. Hierzu bedarf es spezifischer **Beratungsmethoden**, also bestimmter Verfahren, die dazu geeignet sind, die in den Beratungskonzepten propagierten Ideen zu operationalisieren. Dabei stehen dem Berater grundsätzlich zwei Vor-

© Springer Fachmedien Wiesbaden 2015
D. Lippold, *Perspektiven und Dimensionen der Unternehmensberatung*, essentials,
DOI 10.1007/978-3-658-12193-8_7

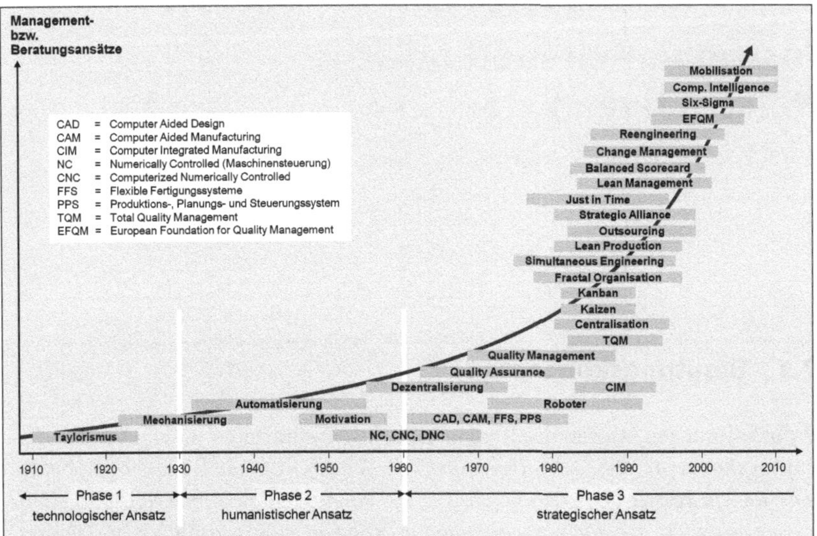

Abb. 7.1 Beratungsansätze im Zeitablauf

gehensweisen zur Verfügung: Er kann für jeden Kunden einen individuellen Lösungsweg entwickeln oder auf standardisierte Problemlösungsverfahren zurückgreifen. Bei einer individuellen Problemlösung wird – salopp formuliert – das Rad in jedem Projekt aufs Neue erfunden, während bei einer standardisierten Lösung bewährte Aktivitätsfolgen (Routinen) auf ein nächstes Projekt übertragen und genutzt werden. Bei der Standardisierung greift der Berater zur Problemlösung auf ein vorstrukturiertes methodisches Instrumentarium im Sinne eines **Methodenbaukastens** (engl. *Toolbox*) zurück. Tools sind standardisierte Analyse-Werkzeuge, die zu teilstandardisierten Beratungsleistungen führen. Beispiele sind die *Wettbewerbsanalyse* nach PORTER, das *Lebenszykluskonzept*, *Portfoliomodelle* oder die funktionale *Stärken-/Schwächenanalyse* (vgl. Fink 2009, S. 7 f.).

7.3 Beratungsprodukte

Die Vorteile standardisierter Beratungsmethoden liegen zunächst in der Verkürzung der Beratungsdauer und damit in der Senkung der Beratungskosten, ohne dass es zu (nennenswerten) Qualitätseinbußen kommt. Standardisierte Beratungs-

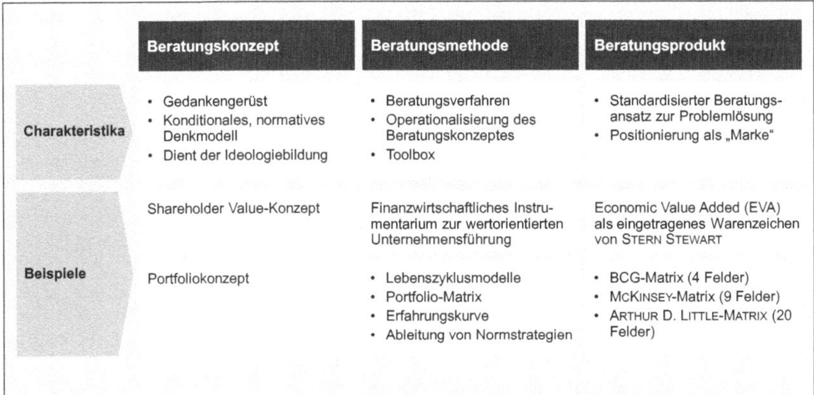

Abb. 7.2 Charakteristika und Beispiele für Beratungskonzept, -methode und -produkt

leistungen weisen zudem eine vergleichsweise geringe Personenbindung auf, so dass neue Mitarbeiter schneller eingearbeitet und kreative Fähigkeiten an anderer Stelle effektiver eingesetzt werden können. Standardisierte Beratungsleistungen lassen sich darüber hinaus leichter positionieren und kommunizieren als individuelle Leistungen. Auf diese Weise ist bei den Beratungsunternehmen eine Vielzahl von standardisierten **Beratungsprodukten** entstanden. Beratungsprodukte sind die ausgeprägteste Form der Standardisierung und ermöglichen es dem Berater, für bestimmte Problemlösungen eine Art „Marke" aufzubauen und sich vom Wettbewerb abzuheben. Beispiele dafür sind die *Gemeinkostenwertanalyse (GWA)* von McKinsey, die *4-Felder-Matrix* der Boston Consulting Group oder das *Economic Value Added-Modell* (EVA) von Stern Stewart (vgl. Rüschen 1990, S. 53; Schade 2000, S. 254; Fink 2009, S. 8).

Die Nachteile standardisierter Beratungsansätze können darin gesehen werden, dass sie zumeist erhebliche Forschungs- und Entwicklungskosten verursachen und zudem Konjunktur- und Modezyklen unterliegen. Beratungsprodukte folgen einem ausgeprägten Lebenszyklus und veralten in aller Regel schneller als eine Beratungsspezialisierung auf Branchen oder Funktionsbereiche (vgl. Fink 2009, S. 7 f.; Schade 2000, S. 263).

Abbildung 7.2 versucht Beratungskonzepte, -methoden und -produkte anhand von Charakteristika und Beispielen voneinander abzugrenzen.

Technologische Perspektive

Die technologische Perspektive hat eine hohe Verwandtschaft zur instrumentell-methodischen Perspektive. Auch hier geht es um den Standardisierungsgrad von Beratungsleistungen – diesmal aber nicht um Methoden, sondern um die eingesetzten Technologien.

Unter **Beratungstechnologie** werden alle Tool- und Know-how-Komponenten zusammengefasst, die Berater nutzen, um ihre Kunden zu beraten. Dies schließt auch das Erfahrungswissen des Beraters mit ein.

Hinsichtlich des *Standardisierungsgrades* lässt sich Beratungstechnologie unterteilen in

- individuelle, flexible Technologie,
- standardisierte Technologie (Tools) und
- starre Technologie (Beratungsprodukte).

8.1   Individuelle, flexible Technologie

Die Individualität der Beratungsleistung und die damit unmittelbar verbundene Orientierung des Beraters an der spezifischen Situation des Kunden ist ein wichtiger Baustein erfolgreicher Unternehmensberatung. Eine hohe Individualität, die mit einer situationsspezifischen Arbeitsweise des Beraters einhergeht, lässt sich dann erreichen, wenn das Wissen nicht und nur sehr schwer *kodiert* werden kann. Nicht-kodierbares Wissen bezeichnen Berater auch als „stilles" Wissen, das – wenn überhaupt – nur durch persönliche Kommunikation, Demonstration oder „learning by doing" übertragbar ist (vgl. Schade 2000, S. 255 unter Bezugnahme auf Teece 1986, S. 29).

© Springer Fachmedien Wiesbaden 2015   37
D. Lippold, *Perspektiven und Dimensionen der Unternehmensberatung*, essentials,
DOI 10.1007/978-3-658-12193-8_8

Zum „stillen" Wissen einer Unternehmensberatung zählen die Erfahrungen, die mit Mitarbeitern eines bestimmten Unternehmens oder in einer bestimmten Branche oder in einem bestimmten Funktionsbereich gemacht worden sind. „Stilles" Wissen ist nicht so leicht kopierbar. Dies stellt im Innenverhältnis zwar einen Nachteil dar, da so neue Mitarbeiter nicht so leicht an die angebotenen Leistungsprogramme herangeführt werden können. Im Außenverhältnis ist dies jedoch ein erheblicher Vorteil, denn die Nicht-Imitierbarkeit führt zu Alleinstellungen und spart Entwicklungskosten (für Produkte und Tools).

Mit dem Einsatz einer flexiblen Technologie sichert sich der Unternehmensberater Handlungsspielräume bei der Auftragsdurchführung. Konkret bedeutet dies, dass es bei Zieldefinitionen, bei der Personaleinsatzplanung, bei Projektfortschrittskontrollen und auch bei den Honorarzahlungen relativ hohe Freiheitsgrade gibt.

> Die Flexibilität einer Beratungstechnologie ist umso wichtiger, je stärker sich Umweltrisiken auf die Ziele des Beratungsprojektes auswirken, je wahrscheinlicher Änderungen der Problemwahrnehmung sind und je geringer die Menge ergänzend einsetzbarer Kliententechnologien innerhalb und außerhalb des Beratungsteams ist (Schade 2000, S. 249).

8.2 Standardisierte Technologie (Tools)

Beratungstools sind Werkzeuge, die vornehmlich im Rahmen der Analyse- und Problemlösungsphase zum Einsatz kommen. Dieser „Werkzeugkasten" setzt sich bei den Strategieberatern aus häufig modifizierten oder kombinierten Techniken zusammen. Dazu zählen z. B. die Wettbewerbsanalyse nach Porter, Stärken-/ Schwächenanalyse, Szenariotechnik, Lebenszykluskonzept, Portfoliomodelle und Kreativitätstechniken. Diese Instrumente bestimmen oftmals die Art der Problemlösung mit, indem sie die Aufmerksamkeit auf ganz bestimmte Aspekte richtet. Durch den jeweilig benötigten Informationsbedarf dieser Techniken ist zugleich oftmals auch die Vorgehensweise vorbestimmt. Insofern lässt sich im Zusammenhang mit dem Einsatz von Tools auch von einer **teilstandardisierten Beratungsleistung** sprechen (vgl. Schade 2000, S. 254).

8.3 Starre Technologie (Beratungsprodukte)

Die ausgeprägteste Form der Standardisierung ist – wie bereits in Abschn. 7.3 erläutert – das Beratungsprodukt. Ohne kodiertes Wissen, d. h. ohne Tools oder Beratungsprodukte, können Beratungsunternehmen nur sehr schwer wachsen. Insbesondere bei der Suche und Einstellung neuer, noch nicht qualifizierter Berater ist die Übertragung kodierten Wissens nicht so langwierig und schwierig wie bei der Übertragung „stillen" Wissens.

Beratungsprodukte sind aufgrund ihres Signalcharakters in jedem Fall besser zu kommunizieren (und damit zu vermarkten) als individuelle, weitgehend namenlose Leistungen. Der potentielle Kunde erhält ein konkreteres Bild, als dies bei flexibleren Leistungsangeboten der Fall ist. Auch stellen Beratungsprodukte (sowie auch Zertifizierungen) ein glaubwürdiges Signal für die Qualität der Leistung und des Beratungsunternehmens dar.

Neben **Marketing- und Wachstumsaspekten** hat der Standardisierungsgrad der Beratungstechnologie Auswirkungen auf die **Anreizstruktur.** So sind Zurechnungs- und Anreizprobleme umso geringer, je starrer die Technologie ist. Ein Beratungsprodukt ist in hohem Maße selbstbindend und erzeugt beim Berater eine hohe Identifikation mit dem Produkt. Je starrer die Technologie des Beraters ist, desto leichter sind Zielsetzungen, Personaleinsatzplanungen, Projektfortschrittskontrollen und Ergebniszurechenbarkeiten durchzuführen.

Beratungsprodukte und teilstandardisierte Leistungen erreichen im Allgemeinen eine deutlich höhere **Effizienz** als individuelle, flexible Technologien, die wiederum in aller Regel die Zielsetzung der **Effektivität** besser sicherstellen.

Grundsätzlich steigt die **Preisbereitschaft** des Kunden mit der Effizienz der Beratungstechnologie, mit seiner Wertschätzung für diese Beratungsleistung und mit den Opportunitätskosten der eigenen Mitarbeiter. Daher kann man vereinfachend davon ausgehen, dass Unternehmensberater ein umso höheres durchschnittliches Preisniveau erzielen können, je standardisierter ihre Problemlösungstechnologien sind.

Strategieberatungen haben naturgemäß früher damit begonnen, auftragsindividuell entwickelte Vorgehensweisen als **Beratungsprodukte** zu entwickeln und zu vermarkten, als IT-Beratungsgesellschaften. Zu solchen Beratungsprodukten zählen – neben den klassischen Beratungs- bzw. Managementansätzen der BCG-Matrix, McKinsey-Matrix und der ADL-Matrix – unter anderem folgende Beratungsansätze (siehe Fink 2004):

- **Economic Value Added (EVA)** von Stern Stewart
- **Value Building Growth** von A. T. Kearney
- **Business Transformation** von Capgemini Consulting
- **CRM-Value-Map** von Deloitte Consulting.

Zwischenzeitlich werden aber auch von den **IT-Beratungsgesellschaften** gezielt (IT-)Beratungsprodukte entwickelt, die aber – mit wenigen Ausnahmen – noch bei weitem nicht den Bekanntheitsgrad und Einfluss erzielt haben wie Produkte der großen Strategieberater. Die bekanntesten Beispiele in diesem Bereich sind die Prozessmodellierungstools EPK (im Rahmen des ARIS-Frameworks) und BPMN (Business Process Model ans Notation).

	Individualleistung (Flexible Technologie)	Tools (Standardisierte Technologie)	Produkte (Starre Technologie)
Kommunizierbarkeit • Signalcharakter der Leistung • Positionierbarkeit des Unternehmens	gering	mittel	hoch
Imitierbarkeit der Leistungen	gering	mittel	hoch
Handlungsspielraum bzgl. • Zieldefinition • Preisstellung • Personaleinsatz-planung	hoch	mittel	gering
Effizienz	gering	mittel	hoch
Effektivität	hoch	mittel	gering
Operationalität der **Anreizstruktur**	gering	mittel	hoch
Wachstum des Beratungsunternehmens	gering	mittel	hoch
Erzielbares Preisniveau	gering	mittel	hoch

Abb. 8.1 Konsequenzen unterschiedlicher Beratungstechnologien

8.4 Konsequenzen unterschiedlicher Technologien

Individualisierung und Standardisierung müssen sich im Hinblick auf den gewünschten Kundenerfolg nicht unbedingt im Konflikt befinden.

Die wichtigsten Vor- und Nachteile dieser unterschiedlichen Beratungstechnologien *(Technologietypen)* sollen anhand der Kriterien

- Kommunizierbarkeit,
- Imitierbarkeit,
- Handlungsspielraum,
- Wachstum,
- Effizienz,
- Effektivität,
- Anreizstruktur und
- Preisniveau

kurz dargestellt werden (vgl. Schade 2000, S. 256 ff.):

In Abb. 8.1 sind die Konsequenzen der drei Technologietypen auf verschiedene Kriterien optisch zusammengefasst.

Um Zusammenhänge und Wirkungsweisen im Beratungsgeschäft erkennen zu können, sind gedankliche Gebilde von Bedeutung, die geeignet sind, Phänomene der Realität zu erklären. Solche Gedankenkonstrukte werden als Theorien bezeichnet. **Theorien** treffen Aussagen über Ursache-Wirkungsbeziehungen und identifizieren Gesetzmäßigkeiten, die über den Einzelfall hinausgehen (vgl. Kuß 2013, S. 47; Lippold 2015a, S. 17).

So will man in der Beratung eben verstehen, wie eine Auftragserteilung zu Stande gekommen ist, wie verstärktes Marketing ankommt und wie sich Kundenzufriedenheit auf Nachfolgeaufträge auswirkt. Davon ausgehend kann man dann Maßnahmen planen und realisieren, die zu den angestrebten Wirkungen führen. In diesem Sinne wird Theorie hier nicht als reine, zweckfreie Erkenntnisgewinnung auf hohem Abstraktionsniveau verstanden, sondern als *empirisch-realistische* Theorie, also als *angewandte* Wissenschaft. Ihr Abstraktionsgrad ist entsprechend geringer als der einer reinen Theorie (vgl. Lippold 2015b, S. 2).

Für eine ökonomische Beschreibung bestimmter Gesetzmäßigkeiten der Dienstleistung *Unternehmensberatung* gibt die (Neue) Institutionenökonomik wesentliche Anhaltspunkte. Im Gegensatz zur neoklassischen Theorie befasst sich die **Institutionenökonomik** (engl. *Institutional Economics*) mit der Unvollkommenheit realer Märkte und mit den Einrichtungen (Institutionen), die zur Bewältigung dieser Unvollkommenheit geeignet sind. *Institutionen* sind gewachsene oder bewusst geschaffene Einrichtungen, die quasi die Infrastruktur einer arbeitsteiligen Wirtschaft bilden. Märkte, Unternehmen, Haushalte, Verträge und Gesetze sind ebenso Institutionen wie Handelsbräuche, Kaufgewohnheiten, Geschäftsbeziehungen oder Netzwerke (vgl. Kaas 1992b, S. 3).

Eine aus Sicht der Institutionenökonomik grundlegende Unterscheidung ist die in *Austauschgüter und Kontraktgüter*. Diese Differenzierung, die auf Kaas (1992a) zurückgeht, ist wichtig für die Beschreibung und das Verständnis der Dienstleis-

© Springer Fachmedien Wiesbaden 2015   41
D. Lippold, *Perspektiven und Dimensionen der Unternehmensberatung*, essentials,
DOI 10.1007/978-3-658-12193-8_9

tung *Unternehmensberatung*. **Austauschgüter** sind fertige, standardisierte Produkte, die auf Vorrat gefertigt werden. Im Gegensatz dazu liegen bei **Kontraktgütern** zum Zeitpunkt des Vertragsabschlusses die Leistungen noch nicht vor, d. h. das Kontraktgut existiert zum Zeitpunkt des Kaufes noch gar nicht. Daher kann die Qualität und die Eignung von Kontraktgütern für die Lösung des Kundenproblems häufig nur unzureichend eingeschätzt werden. In der Regel handelt es sich dabei um hochspezifische und komplexe Leistungen. Beratungsleistungen zählen in geradezu idealtypischer Weise zu solchen Kontraktgütern (vgl. Schade 2000, S. 26 f. unter Bezugnahme auf Alchian und Woodward 1988; Schade und Schott 1993).

Vereinfachend werden folgende Teildisziplinen zur Institutionenökonomik gezählt:

- Property-Rights-Theorie
- Principal-Agent-Theorie
- Transaktionskostentheorie
- Informationsökonomik.

9.1 Property-Rights-Theorie

Die Property-Rights-Theorie setzt sich – angesichts der Knappheit von Gütern – mit der Regelung von Handlungs- und Verfügungsrechten über Ressourcen auseinander. Die Theorie besagt, dass nicht die physischen Eigenschaften eines Gutes, sondern die bestehenden Rechte an diesem Gut und seiner Nutzung für dessen Wert und Austauschrelation maßgeblich sind. Somit beschäftigt sich dieser Ansatz mit der Übertragung von Rechten, ein Gut zu benutzen, dessen Form zu verändern, sich den Ertrag aus der Nutzung zu sichern und die genannten Rechte zu veräußern (vgl. Gümbel und Woratschek 1995, Sp. 1010 f.).

Die Handlungs- und Verfügungsrechte zwischen Berater und Kunde werden durch Beratungsverträge geregelt. Ihre Gestaltung ist eine zentrale Aufgabe der Angebots- und Vertragsgestaltung (siehe Abschn. 3.6.7). Besonders bei Beratungsleistungen, die in der Zusammenarbeit zwischen Berater und Kundenunternehmen entstehen, kann es zu Zurechnungsproblemen kommen. Hier kann die Property-Rights-Theorie als ein Instrument der Analyse und Effizienzbeurteilung von Beratungsverträgen zu definierten Leistungsversprechen und den damit verbundenen Verfügungsrechten ebenso herangezogen werden wie zur Begrenzung der Gefahren individueller Nutzenmaximierung durch opportunistisches Verhalten (vgl. Jeschke 2004, S. 141 f.).

Für das Kundenunternehmen ist die zentrale Frage, wie es seine spezifischen Investitionen vor opportunistischem Verhalten der Berater schützen kann. Hierfür bieten sich vier *Institutionen* an (vgl. Kaas und Schade 1995, S. 1072):

- **Vertragliche Regelungen.** Diese Institution kann Risiken verteilen, Reaktionsweisen auf zukünftige Ereignisse festlegen sowie erfolgsabhängige Mechanismen bei Termin- oder Budgeteinhaltung vorsehen.
- **Langfristige Geschäftsbeziehungen.** Auf Dauer angelegte Kontakte führen zu Erfahrungen, die opportunistisches Verhalten eindämmen und Transaktionskosten senken können, da die Risiken aus Geschäftsbeziehungen mit immer neuen Beratern ausgeschlossen werden können.
- **Reputation.** Auf Kontraktgütermärkten stellt die Reputation eine zentrale Institution dar. Sie wird als Signal für Kompetenz interpretiert und kann durch schlechte Nachrede beschädigt werden. Berater müssen daher massiv an ihrer Aufrechterhaltung interessiert sein.
- **Netzwerk von Geschäftsfreundschaften.** Die von Vertrauen geprägte Beziehung mit geschäftlichem Interesse kann als weitere Institution zur Verbreitung von Reputation und zur Reduzierung von Ungewissheit interpretiert werden, denn für den Unternehmensberater wird opportunistisches Verhalten in einem solchen Falle deutlich unattraktiver.

9.2 Principal-Agent-Theorie

Die Principal-Agent-Theorie behandelt mögliche Zielkonflikte, die aus einem Vertragsverhältnis zwischen mindestens zwei Personen hervorgehen. Es kann sich dabei um Arbeits- oder Kaufverträge, aber auch um Beziehungen handeln. Typische Beispiele sind die Vertragsverhältnisse von Eigentümer und Manager, von Arbeitgeber und Arbeitnehmer oder von Käufer und Verkäufer. Eine Principal-Agent-Beziehung ist gekennzeichnet durch **asymmetrisch verteilte Informationen** und **opportunistisches Verhalten**. Das zentrale Problem dieses Ansatzes ist die Berücksichtigung von Kooperationsrisiken und die Gestaltung von geeigneten Anreiz- und Kontrollsystemen.

Aus der Sicht der Principal-Agent-Theorie, die auch maßgebend für die Entwicklung des *Kontraktgütermarketings* ist, wird ein Beratungsprojekt als Kooperation zwischen *Prinzipalen* (= Kunde) und *Agenten* (= Berater) aufgefasst. Dabei geht es für den Kunden darum, gemeinsam *„mit dem Beratungsunternehmen vertragliche Regelungen zu finden, die neben der Definition konkreter Beratungsziele auch Reaktionsformen auf nicht erwartete Entwicklungen eines Beratungsprojekts* *festschreiben sowie Vertragsbestandteile zu vereinbaren, die ein Beratungsunternehmen durch Vertragsstrafen oder erfolgsorientierte Honorarzahlungen an dem Risiko sowie den Chancen eines Beratungsprojekts beteiligen"* (Jeschke 2004, S. 146).

Von besonderer Bedeutung für eine solche Vertragsgestaltung ist das Konzept der **Informationsasymmetrie**, bei dem vier unterschiedliche Konstellationen unterschieden werden können (vgl. Stock-Homburg 2013, S. 479):

- **Verdeckte Eigenschaften** (engl. *Hidden characteristics*), d. h. dem Prinzipal sind wichtige Eigenschaften des Agenten bei Vertragsabschluss unbekannt;
- **Verdeckte Handlungen** (engl. *Hidden action*), d. h. der Prinzipal kann die Leistungen des Agenten während der Vertragserfüllung nicht beobachten bzw. die Beobachtung ist mit hohen Kosten verbunden;
- **Verdeckte Informationen** (engl. *Hidden information*), d. h. der Prinzipal kann die Handlungen des Agenten zwar problemlos beobachten, aufgrund fehlender Kenntnisse oder Informationen jedoch nicht hinreichend beurteilen;
- **Verdeckte Absichten** (engl. *Hidden intention*), d. h. dem Prinzipal sind Absichten und Motive des Agenten in Verbindung mit der Vertragserfüllung verborgen.

Bei den Konstellationen *Hidden action* und *Hidden information* besteht das Problem des subjektiven Risikos (engl. *Moral hazard*). Das Problem gründet sich darin, dass der Prinzipal auch nach Vertragserfüllung nicht beurteilen kann, ob das Ergebnis durch qualifizierte Anstrengungen des Agenten erreicht wurde, oder ob (bzw. wie sehr) andere Faktoren das Ergebnis beeinflusst haben.

Um die Vertragsprobleme zwischen den Akteuren – also bspw. zwischen Hersteller und Zulieferer, zwischen Hersteller und Händler, zwischen Hersteller und Handelsvertreter oder zwischen Hersteller und Hersteller – grundsätzlich zu lösen, bieten sich drei Möglichkeiten an (vgl. Göbel 2002, S. 110):

- Reduktion der Informationsasymmetrie
- Auflösung von Zielkonflikten
- Aufbau vertrauensbildender Maßnahmen.

Abbildung 9.1 zeigt beispielhaft, welche Maßnahmen zur Lösung von Agency-Problemen in der vor- und der nachvertraglichen Phase zur Verfügung stehen.

Allerdings ist die Anreiz- und Kontrollstruktur bei der Durchführung von Beratungsprojekten, an denen ja zum Teil (ganze) Teams sowohl auf der Kunden- als auch auf der Beraterseite beteiligt sind, häufig wesentlich komplizierter als die Delegationsbeziehung zwischen einem einzelnen Agenten und einem einzigen Prin-

	Informationsasymmetrie senken		Ziele harmonisieren		Vertrauen bilden	
	Prinzipal	**Agent**	**Prinzipal**	**Agent**	**Prinzipal**	**Agent**
Vorvertragliche Phase	Screening = Informationsgewinnung, die von der weniger informierten Seite ausgeht	Signaling = Informationsangebot, das von der (besser) informierten Seite ausgeht	Verträge zur Auswahl vorlegen	Self-Selection Reputation	Screening in Bezug auf Vertrauenswürdigkeit	Reputation signalisieren
Nachvertragliche Phase	Monitoring	Reporting	Anreizverträge gestalten	Commitment/ Bonding Reputation	Vertrauensvorschuss, Extrapolation guter Erfahrungen	Sozialkapital aufbauen

Abb. 9.1 Lösung von Agency-Problemen

zipal, die in den klassischen Agency-Modellen unterstellt wird. Dies ist vor allem auf das **Informationsparadoxon** zurückzuführen. Es besagt, dass der Kunde den Nutzen einer Beratungsleistung erst dann beurteilen kann, wenn er diese in Anspruch genommen hat. Eine Rückgabe der Beratungsleistung bei Unzufriedenheit ist nicht möglich (vgl. Schade 2000, S. 47 und 51).

9.3 Transaktionskostentheorie

Der Kerngedanke des **Transaktionskostenansatzes** ist die effiziente Bewertung und Koordination dauerhafter Austauschbeziehungen *(„Transaktionen")*, wobei ökonomische Fragestellungen als Probleme der Aushandlung und Durchsetzung von Verträgen formuliert werden. Als Transaktionskosten werden jene Kosten bezeichnet, die im Vorfeld und/oder im Verlauf einer Austauschbeziehung entstehen. Transaktionskosten können in *externe* Kosten (Kosten der Marktinanspruchnahme) und in *interne* Kosten (Kosten der Organisationsnutzung) unterteilt werden. Überwiegen für die Transaktionen zwischen Wirtschaftssubjekten die externen Transaktionskosten, so entstehen Unternehmen. Insofern versucht man mit dem Transaktionskostenansatz auch die Existenz von Unternehmen und Märkten zu erklären. Die Entscheidung eines Unternehmens für oder gegen den Einsatz eines externen Beraters ist bspw. eine typische *Make-or-Buy*-Entscheidung (vgl. Gümbel und Woratschek 1995, Sp. 1013 f.).

In Abhängigkeit von der Vertragsphase einer Geschäftstransaktion kann zwischen folgenden **Arten von Transaktionskosten** unterschieden werden (vgl. Jeschke 2004, S. 143 unter Bezugnahme auf Williamson 1990, S. 59 ff.):

- **Anbahnungskosten** sind aus Sicht der Unternehmensberatung sämtliche Kosten, die mit der Suche und Gewinnung attraktiver Kunden verbunden sind.
- **Vereinbarungskosten** treten für beide Vertragsparteien in der Vertragsabschlussphase auf und resultieren aus der Notwendigkeit, Verträge aushandeln zu müssen.
- **Abwicklungskosten** fallen in Verbindung mit der Umsetzung von Verträgen bzw. von Verhandlungsergebnissen an.
- **Kontrollkosten** fallen ebenfalls für beide Vertragspartner an und entstehen durch die Überprüfung der Einhaltung von Verträgen und vereinbarter Bedingungen innerhalb der Durchführungsphase einer Transaktion.
- **Anpassungskosten** schließlich können für beide Partner während der Durchführungsphase anfallen, weil Verträge ex-ante nicht alle vertragsrechtlichen Risiken berücksichtigen können. Kosten für *Change Requests* sind demnach typische Anpassungskosten.

Die **Make-or-buy-Entscheidung** ist die eigentliche Domäne des Transaktionskostenansatzes. Der Ansatz empfiehlt, diese Entscheidung durch einen Vergleich der Produktions- und Transaktionskosten abzusichern. Beim Kauf fallen die Transaktionskosten in Form der Marktbenutzungskosten an, beim Selbstmachen in Form von Hierarchie- oder Bürokratiekosten. Weiterhin nimmt der Theorieansatz an, dass die Transaktionskosten mit zunehmender **Spezifität** ansteigen, da *spezifische* Güter und Dienstleistungen in gewisser Weise einmalig und nicht ohne weiteres austauschbar sind, wie etwa das Technologie-Knowhow einer bestimmten Unternehmensberatung. Solange es um austauschbare Güter und Dienstleistungen geht, für die es viele Anbieter gibt, überwacht der Markt die Agenten ausreichend. Die Prinzipale können durch einen Vergleich der Agenten die Informationsasymmetrie senken, der Agent hat starke Anreize sich zufriedenstellend zu verhalten, weil er sonst ausgetauscht werden kann. Dann sollte man die Leistungen kaufen. Bei spezifischen Leistungen gestaltet sich die Suche am Markt deutlich aufwendiger, die Verhandlungen sind komplizierter, weil möglicherweise kein Marktpreis vorliegt. Hier befürchtet WILLIAMSON ein nachvertragliches „Hold up", also einen Erpressungsversuch des Agenten. Ist der Abnehmer auf diesen einen Lieferanten angewiesen („Lock-in"-Effekt), könnte dieser in Nachverhandlungen versuchen, die Vertragskonditionen zu seinen Gunsten zu ändern. Unter diesen Umständen sollte die Leistung besser selbst erbracht werden (vgl. Göbel 2002, S. 14 f. unter Bezugnahme auf Williamson 1990, S. 60 ff.).

9.4   Informationsökonomik

Die **Informationsökonomik** durchdringt den Property-Rights- und den Transaktionskostenansatz, in dem sie sich mit der Frage befasst, wie Märkte funktionieren, die durch Unsicherheit und asymmetrische Informationen unter den Marktteilnehmern charakterisiert sind. So befasst sich die Informationsökonomik vor allem mit den Voraussetzungen und Konsequenzen der Marktunsicherheit. Diese ist dadurch gekennzeichnet, dass die Anbieter nur unvollkommene Informationen über die Zukunftserwartungen, Bedürfnisse und Restriktionen der Nachfrager haben und dass diese wiederum nicht alle Produkte, Qualitäten und Preise der Anbieter kennen (vgl. Kaas 1995, Sp. 972).

Informationsunsicherheit bzw. Informationsasymmetrie kommt aus Sicht der anbietenden Beratungsunternehmen dadurch zum Ausdruck, dass ihnen nur unvollkommene Informationen über aktuelle und zukünftige Beratungsbedarfe sowie über die Entscheidungsstrukturen innerhalb der Kundenunternehmen vorliegen. Aus Sicht der nachfragenden Kundenunternehmen sind die Informations- und Unsicherheitsprobleme Ausdruck unvollständiger Informationen über die Qualität und Leistungsfähigkeit der Anbieter von Beratungsleistungen (vgl. Jeschke 2004, S. 139).

Angesichts dieser – zugegebenermaßen – sehr verkürzt wiedergegebenen Grundgedanken der Neuen Institutionenökonomik können Beratungsunternehmen als *Institutionen* bezeichnet werden, die sich in Märkten, die durch *Informationsasymmetrie* gekennzeichnet sind, auf die Beschaffung, Erstellung und den Vertrieb von Unsicherheit reduzierenden Informationen spezialisiert haben. Aufgrund dieser Spezialisierung und der Übertragbarkeit von Informationen sind Berater in der Lage, diese Leistungen wirtschaftlicher als andere Institutionen anzubieten. Durch die Nutzung der *Informationsprodukte* wird das Kundenunternehmen in eine bessere Umweltsituation versetzt. Aber nicht der Eintritt einer bestimmten Umweltsituation wird verhindert. Vielmehr wird die Wahrscheinlichkeit verringert, dass sich eine bestimmte Handlungsalternative nicht realisieren lässt. Das Kundenunternehmen wird durch die zusätzlichen entscheidungsrelevanten Informationen davor bewahrt, Handlungsalternativen auszuwählen, deren Realisierungswahrscheinlichkeit nicht sehr hoch ist. Die Informationsprodukte der Berater tragen insofern zur Steigerung des Kundenunternehmenswertes bei (vgl. Höselbarth und Schulz 2005, S. 201 f.).

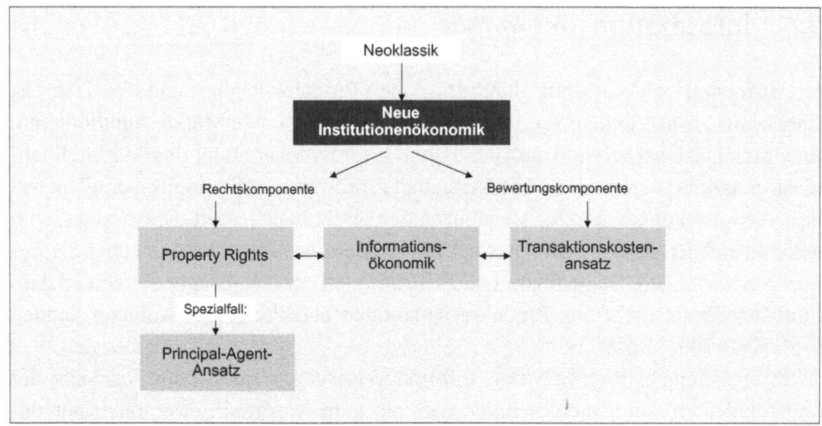

Abb. 9.2 Komponenten der Neuen Institutionenökonomik

In Abb. 9.2 sind die Beziehungen zwischen den einzelnen Teildisziplinen der (Neuen) Institutionenökonomik dargestellt.

Zusammenfassung und kritische Würdigung   **10**

Sicherlich ist kein Erfolgsfaktor im Beratungsgeschäft so schwer zu beschreiben und zu erklären wie die Beratungsleistung an sich. Zu unterschiedlich sind die Beratungsinhalte und die Beratungsprozesse. Zu verschieden ist das Zusammenspiel von Leistungspotenzial, Leistungsprozess und Leistungsergebnis von Beratungsauftrag zu Beratungsauftrag. Die enorme Bandbreite der Beratungstätigkeit, die von der Strategieberatung bis zur Auftragsprogrammierung reicht, macht ein Ausbildungskonzept für die Profession *Unternehmensberatung* nahezu unmöglich. So verwundert es auch nicht, dass der Berufsstand der Unternehmensberater kein Berufsrecht kennt und die Berufsbezeichnung „Unternehmensberater" gesetzlich nicht geschützt ist.

Deshalb ist hier nun der Versuch unternommen worden, auf die Vielfalt und Besonderheiten des Leistungserstellungsprozesses von Beratungsunternehmen nicht nur hinzuweisen, sondern von verschiedenen Perspektiven aus zu durchleuchten und damit einen Beitrag zur Transparenz des Phänomens „Unternehmensberatung" zu leisten. Die hier besprochenen acht Perspektiven zeigen zugleich auch die verschiedenen Dimensionen auf, von denen aus man sich der Unternehmensberatung nähern kann:

Als **Dienstleistung** gehört die Beratung zu jenen Angeboten, bei denen Informations- und Unsicherheitsprobleme sowohl auf der Kunden- als auch auf der Lieferantenseite groß sind. Beratungsleistungen sind immateriell und integrativ. Daher können sie nicht auf Vorrat gefertigt werden. Für den Kunden hat dies zur Folge, dass er kein fertiges, überprüfbares Produkt bestellt, sondern dass die Beauftragung zunächst nur auf der Grundlage eines *Leistungsversprechens* erfolgt.

Aus **institutioneller Sicht** zeigt alleine die Systematisierung der Beratungsträger, dass die eigentliche Kernbranche durch eine Vielzahl von Beratungsanbietern aus anderen Branchen (Finanzdienstleister, IT-Anbieter, Wirtschaftsprüfungsgesellschaften, Verbände u. a.) Konkurrenz bekommen hat.

© Springer Fachmedien Wiesbaden 2015   49
D. Lippold, *Perspektiven und Dimensionen der Unternehmensberatung*, essentials,
DOI 10.1007/978-3-658-12193-8_10

Eine zentrale Perspektive ist die **funktionale Sicht**. Sie beantwortet die Frage nach der Existenzberechtigung von Beratern. Danach bietet der Berater Mehrwert durch spezifische Kenntnisse und Erfahrungen, durch den Abbau von Kapazitäts-engpässen, durch die Objektivität des Unparteiischen sowie durch die kritische Begleitung des Veränderungsprozesses.

Die **systembezogene Perspektive** stellt das Beziehungsmuster zwischen Auf-tragnehmer/Berater und Auftraggeber/Kunde einschließlich der verschiedenen Mitarbeiter-bezogenen Teilmengen dar. Zudem gibt diese Perspektive einen Über-blick über Beraterrollen und Kundenerwartungen.

Die Dienstleistungsproduktion in der Beratung ist ein **Prozess**, der durch ei-nige Besonderheiten charakterisiert ist. Zu diesen Besonderheiten zählen die Un-bestimmtheit des Inputs, des Transformationsprozesses und die Unbestimmtheit des Outputs.

Die **instrumentell-methodische Sicht** dient der Systematisierung und Erläute-rung von Beratungskonzepten, -methoden und -produkten, die in den Leistungser-stellungsprozess einfließen.

Die **technologische Perspektive** befasst sich mit dem Standardisierungsgrad der jeweils einzusetzenden Beratungstechnologie, denn der Schlüssel zu einem er-folgreichen Wettbewerbskonzept für Unternehmensberater liegt in einem genauen Verständnis der für die *Dienstleistungsproduktion* eingesetzten Beratungstechno-logie. Zu diesem Kernbereich zählen die Entwicklung, Formalisierung, Speiche-rung, Bereitstellung, der Transfer, aber auch der Schutz von Wissen. Angesprochen sind damit auch die verschiedenen Aspekte des *Managements von Wissen* (engl. *Knowledge Management*) als Grundlage der Leistungserstellung von Beratungs-unternehmen (vgl. Bamberger und Wrona 2012, S. 21).

Die **theoretische Sicht** konzentriert sich auf die ökonomische Beschreibung der Dienstleistung Unternehmensberatung durch die (Neue) Institutionenökono-mik, die sich mit der Unvollkommenheit realer Märkte und mit den Einrichtungen (Institutionen), die zur Bewältigung dieser Unvollkommenheit geeignet sind, be-fasst. Beratungsunternehmen können danach als Institutionen bezeichnet werden, die sich in Märkten, die durch Informationsasymmetrie gekennzeichnet sind, auf die Beschaffung, Erstellung und den Vertrieb von Unsicherheit reduzierenden In-formationen spezialisiert haben.

Literatur

Alchian AA, Woodward S (1988) The firm is dead; long live the firm: a review of oliver E. Williamson's „The Economic Institutions of Capitalism". J Econ Lit 26:65–79

Bamberger I, Wrona T (2012) Konzeptionen der strategischen Unternehmensberatung. In: Bamberger I, Wrona T (Hrsg) Strategische Unternehmensberatung. Konzeptionen – Prozesse – Methoden, 6. Aufl. Gabler, Wiesbaden

BDU (Hrsg) (2008–2015) Facts & Figures zum Beratermarkt

Block P (2000) Erfolgreiches Consulting, 2. Aufl. Heyne, München

Caroli TS (2007) Unternehmensberatung als Sicherstellung von Führungsrationalität? In: Nissen V (Hrsg) Consulting research. Unternehmensberatung aus wissenschaftlicher Perspektive. Gabler, Wiesbaden, S 109–126

Deelmann T (2007) Beratung, Wissenschaft und Gesellschaft – Interdependenzen und Gegenläufigkeiten. In: Nissen V (Hrsg) Consulting research. Unternehmensberatung aus wissenschaftlicher Perspektive. Gabler, Wiesbaden, S 39–54

Eichen von der SAF, Stahl H K (2004). Die Rollen der Berater. In: Niedereichholz et al. (Hrsg) Handbuch der Unternehmensberatung, Bd. 1, 1500. Erich Schmidt, Berlin (2010).

Engelhardt WH, Kleinaltenkamp M, Reckenfelderbäumer M (1993) Dienstleistungen als Absatzobjekt. Z Betriebswirtschaftliche Forsch (ZfbF), 45(5):395–426

Fink D (2004) Eine kleine Geschichte der Managementberatung. In: Fink D (Hrsg) Management Consulting Fieldbook. Die Ansätze der großen Unternehmensberater, 2. Aufl. Vahlen, München

Fink D (2009) Strategische Unternehmensberatung. Vahlen, München

Forschner G (1988) Investitionsgüter-Marketing mit funktionellen Dienstleistungen. Die Gestaltung immaterieller Produktbestandteile im Leistungsangebot industrieller Unternehmen. Duncker & Humblot, Berlin

Gerhard J (1987) Dienstleistungsproduktion. Eine produktionstheoretische Analyse der Dienstleistungsprozesse. Josef Eul, Köln

Göbel E (2002) Neue Institutionenökonomik. Konzeption und betriebswirtschaftliche Anwendung. UTB, Stuttgart

Gümbel R, Woratschek H (1995) Institutionenökonomik. In: Tietz B, Köhler R, Zentes J (Hrsg) Handwörterbuch des Marketing, 2. Aufl. Schäffer Poeschel, Stuttgart, Sp. 1008–1020.

© Springer Fachmedien Wiesbaden 2015

D. Lippold, *Perspektiven und Dimensionen der Unternehmensberatung*, essentials,

DOI 10.1007/978-3-658-12193-8

Hagenmeyer U (2002) Integrative Unternehmensberatungsethik: Grundlagen einer professionellen Managementberatung jenseits reiner betriebswirtschaftlicher Logik. zfwu 3/3:356–377

Hesseler M (2011) Unternehmensethik und Consulting. Berufsmoral für professionelle Beratungsprojekte. Oldenbourg, München

Höselbarth F, Schulz J (2005) Personal-Controlling in Beratungsunternehmen. In: Nissen V (Hrsg) Consulting Research. Unternehmensberatung aus wissenschaftlicher Perspektive. Gabler, Wiesbaden, S 198–244, (2007)

Jeschke K (2004) Marketingmanagement der Beratungsunternehmung. Theoretische Bestandsaufnahme sowie Weiterentwicklung auf der Basis der betriebswirtschaftlichen Beratungsforschung. Gabler, Wiesbaden

Kaas KP (1992a) Kontraktgütermarketing als Kooperation zwischen Prinzipalen und Agenten. ZfbF 44:884–901

Kaas KP (1992b) Marketing und Neue Institutionenlehre; Arbeitspapier Nr. 1 aus dem Forschungsprojekt ‚Marketing und ökonomische Theorie'. Johann Wolfgang-Goethe-Universität, Frankfurt a. M.

Kaas KP (1995) Informationsökonomik. In: Tietz B, Köhler R, Zentes J (Hrsg) Handwörterbuch des Marketing, 2. Aufl. Schäffer Poeschel, Stuttgart, Sp. 971–981

Kaas KP, Schade C (1995) Unternehmensberater im Wettbewerb: Eine empirische Untersuchung aus der Perspektive der Neuen Institutionenlehre. Z Betriebswirtschaft 65:1067–1089

Kraus S, Mohe M (2007) Zur Divergenz ideal- und realtypischer Beratungsprozesse. In: Nissen V (Hrsg) Consulting research. Unternehmensberatung aus wissenschaftlicher Perspektive. Gabler, Wiesbaden, S 263–279

Kuß A (2013) Marketing-Theorie. Eine Einführung, 3. Aufl. Springer Gabler, Wiesbaden

Lippold D (1998) Die Marketing-Gleichung für Software. Der Vermarktungsprozess von erklärungsbedürftigen Produkten und Leistungen dargestellt am Beispiel von Software, 2. Aufl. M & P Schäffer Poeschel, Stuttgart

Lippold D (2016) Die Unternehmensberatung. Von der strategischen Konzeption zur praktischen Umsetzung, 2. Aufl. Springer Gabler, Wiesbaden

Lippold D (2015a) Die Marketing-Gleichung. Einführung in das prozess- und wertorientierte Marketingmanagement, 2. Aufl. De Gruyter, Boston

Lippold D (2015b) Theoretische Ansätze in der Marketingwissenschaft. Ein Überblick. Springer Gabler, Wiesbaden

Meffert H (1998) Marketing. Grundlagen marktorientierter Unternehmensführung. Konzepte – Instrumente – Praxisbeispiele, 8. Aufl. Gabler, Wiesbaden

Meffert H, Bruhn M (1995) Dienstleistungsmarketing. Grundlagen – Konzepte – Methoden. Gabler, Wiesbaden

Müller-Stewens G, Drolshammer J, Kriegmeier J (1999) Professional Service Firms – Branchenmerkmale und Gestaltungsfelder des Managements. In: Müller-Stewens G, Drolshammer J, Kriegmeier J (Hrsg) Professional service firms. Wie sich multinationale Dienstleister positionieren. FAZ Buch, Frankfurt a. M., S 11–153

Mugler J, Lampe R (1987) Betriebswirtschaftliche Beratung von Klein- und Mittelbetrieben. BFuP 6:477–493

Niedereichholz C (2010) Unternehmensberatung, Bd. 1. Beratungsmarketing und Auftragsakquisition, 5. Aufl. Oldenbourg, München

Nissen V (2007) Consulting Research – Eine Einführung. In: Nissen V (Hrsg) Consulting Research. Unternehmensberatung aus wissenschaftlicher Perspektive. Gabler, Wiesbaden 2007, S 3–38

Rüschen T (1990). Consulting-Banking: Hausbanken als Unternehmensberater. Gabler, Wiesbaden

Schade C (2000) Marketing für Unternehmensberatung. Ein institutionenökonomischer Ansatz, 2. Aufl. Gabler, Wiesbaden

Schade C, Schott E (1993) Kontraktgüter im Marketing. Mark – Z Forsch Prax 15:15–25

Sommerlatte T (2004) Gründe für den Einsatz von Unternehmensberatern. In: Niedereichholz et al. (Hrsg) Handbuch der Unternehmensberatung, Bd. 1, 1200. Erich Schmidt, Berlin

Stock-Homburg R (2013) Personalmanagement: Theorien – Konzepte – Instrumente, 3. Aufl. Springer Gabler, Wiesbaden

Teece D (1986) Transaction cost economics and the multinational enterprise. J Econ Behav Organ, Bd 7, S 21–45

Titscher S (2001) Professionelle Beratung, 2. Aufl. Ueberreuter, Wien

Wagner R (2007) Strategie und Management-Werkzeuge, Teil 9 der Handelsblatt Mittelstands-Bibliothek. Schäffer Poeschel, Stuttgart

Williamson OE (1990) Die ökonomischen Institutionen des Kapitalismus: Unternehmen, Märkte, Kooperationen. Mohr Siebeck, Tübingen

Sachverzeichnis

A
Analyse-Werkzeug, 34
Austauschgüter, 42

B
BDU- Fachverbände, 16
Benchmarker, 25
Beraterrollen, 24
Beratersystem, 23
Beratung
    instrumentelle, 18
    konzeptionelle, 19
    symbolische, 19
Beratungsadressat, 14
Beratungskonzept, 33
Beratungsobjekt, 16
Beratungsprodukt, 35, 39
Beratungssystem, 23, 24
Beratungstechnologie, 37
Beratungsträger, 13
Business Process Reengineering, 33
Buying Center, 23

C
Change Agent, 26
Coach, 26
Coachee, 26
Coaching, 26

Consulting
Consulting
    arbitration-based, 20
    capacity-based, 19
    content-based, 20
    experience-based, 20
    process-based, 20
Consulting-Studiengänge, V

D
Dienstleistung, 9
    funktionelle, 11
    institutionelle, 12
Dienstleistungsansätze (im Beratungsge-
    schäft), 21
Dienstleistungsbegriff, 2
Durchsetzungsfunktion, 18

E
Economic Value Added-Modell, 35
Externalität, 8

H
Hidden
    action, 44
    characteristics, 44
    information, 44
    intention, 44

© Springer Fachmedien Wiesbaden 2015
D. Lippold, *Perspektiven und Dimensionen der Unternehmensberatung*, essentials,
DOI 10.1007/978-3-658-12193-8

I

Immaterialitätsgrad, 9
Individualisierungsgrad, 10
Informationsasymmetrie, 2, 44, 47
Informationsökonomik, 42, 47
Inhaltsberatung, 32
Institutional Economics, 41
Institutionenökonomik, 41
Integrationsgrad, 9, 10
Interpretationsfunktion, 18

K

Knowledge Management, 50
Konfirmationsfunktion, 19
Kontraktgüter, 42
Konzeptlieferant, 25
Kunden-/Auftraggebersystem, 24
Kunden-/Interessentensystem, 23

L

Legitimationsfunktion, 18, 19
Legitimator, 26
Leistungsergebnis, 9
Leistungsprozess, 9
Leistungstypologie, 11

M

Make-or-buy-Entscheidung, 46
Managementberatung, 15, 31
Managementkonzept, 33
Managementmoden, 33
Mentor, 25
Mergers & Acquisitions, 33
Moderator, 26
Moral hazard, 44

O

Outgrowing, 33

P

Plan-Build-Run- Modell, 27
Politikfunktion, 18
Portfoliomanagement, 33
Principal-Agent-Beziehung, 43
Principal-Agent-Theorie, 42, 43
Professional Service Firm, 3
Professional Services, 7
Professionalität, 8
Property-Rights-Theorie, 42
Prozessberatung, 32

S

Sachleistung, 11
Schamane, 25
Schlichtungsfunktion, 19
Selling Center, 23
Shareholder Value, 33
Spezifität, 46

T

Toolbox, 34
Transaktionskostentheorie, 42, 45
Transferfunktion, 32
Transformation Consulting, 31
Transformationsprozess, 30
Typologie, 8

U

Umsetzungsberatung, 31
Unabhängigkeit, 8
Unternehmensberatung, 2

W

Wissenstransferfunktion, 17

Z

Zielgruppe, 14
Zielperson, 15